大展好書　好書大展
品嘗好書　冠群可期

大展好書　好書大展
品嘗好書　冠群可期

命理與預言 2

中國式

面相學入門

蕭京凌／編著

大展出版社有限公司　印行

序言

中國歷代的君王或宰相、將軍……等，都把看相術當作是帝王學或兵法的要項之一。

在權謀術數的政治漩渦與戰場中，要瞭解敵人的一切，不單只是收集情報，必須面對面觀察其人的面相、骨相，藉著握手觸感猜測對方的活力。所以學習看相術，成為一個政治家處理政務的基本敎養。

街頭巷尾，到處可見以面相、手相、八卦、測字等為職業的人，在目前這種高科技的時代裡，很難相信占卜、易學……等仍會如此地流行，這是為什麼呢？

社會的變化過遽，不管是老人或年輕人，無不都想求得精神上的寄託，想要依靠它來消除內心的不安。

中國歷經三千年「動盪不安」的時代，也因此衍生出獨特的看相術。本書的宗旨在提供一些基本的相術要點，使生在不穩定時代的人，有參考的依據，藉以消除內心的不安，創造幸福美好的人生。

「愚者千言，必有一得」。

只要讀者覺得還有一點收穫的話，就是筆者之幸了。

目錄

第三章　如何看面相

第四章 人的個性、品性都呈現在臉上

第五章　臉型與職業

第六章　現代面相學的意義

第一章 面相學的由來

中國人重視面相、手相的理由

世界上每四個人中就有一個中國人，中國不僅地廣人多，還背負著長久歷史的重任。和美國或二次大戰後獨立的新興國家不同，有著悠久歷史的中國人，生活在獨特的傳統世界觀之下。

中國的國境線很長，不斷受到異族侵擾之苦，漢、唐、宋、明、現代中國是漢民族建立的，元朝及清朝卻是由異族所統治，而戰亂中受害最大的自然是可憐的老百姓。

中國有一句諺語：「苛政猛於虎」。

當年孔子從泰山山麓走過之時，遇到一位在路旁哭泣的老婦人，孔子問她爲何哭，老婦人回答因這個地方有很可怕的老虎，她的公公、丈夫及兒子都被老虎吃了。

孔子又問她爲何不搬到安全的地方住，老婦人回答說：

「因爲住在這個地方的人不用繳高額的賦稅，所以只有住在這裡了。」

孔子很感歎的說：

「是的，暴政比吃人的老虎可怕得多。」

中國的政治一向動盪不安，有廣大山河的中國，除戰爭、暴政之外，每年還有旱災、洪水、瘟疫、饑荒等浩劫，使得百姓苦不堪言，痛不欲生，在這種苦難的狀態中，唯有依求宗教的力量來解脫，所以大部份的人就變成命運論者，相信占卜，希望能早日脫離苦難的日子。

商朝時期，人們習慣用占卜判斷吉凶。出征時，將軍們就燒龜甲、獸骨，以顯現的裂紋占卜征戰的勝敗。

中國民間也經常用竹籤來算卦。根據出生年月日的時刻，以月或日爲單位表示運勢流年；或根據姓名及星座來判斷；或利用甲骨文字占卜；這種種的方法都是現在的科學無法解釋的。另外，還有手相、面相、骨相。

手相、面相、骨相，不僅是在中國，在歐洲和阿拉伯也有這種占卜。不可否認，這也有某種科學根據，例如，生活富裕的人氣色很好，反之，長得瘦弱的人往往過著貧窮的日子。以統計學的觀點，得到這樣的結論：

「長得胖而且氣色好的人，能夠得到大富的福相，反之，瘦瘦的，顎骨突出型的人，和富裕的生活無緣。」

受社會不安定及戰亂、天災、瘟疫之苦的中國人，最後只好依賴自己以及人際關係來尋求幫助。一個人的善惡以及有無能力，都依靠手相和面相來判斷，中國人在這方面有獨到的見解。

臉是人生的指標

嬰兒的臉是遺傳自父母親，等他慢慢長大以後，輪廓雖然不會有很大的改變，但是皮膚的色澤、眼睛、鼻子等都會隨著他的健康狀態，及教育、環境、職業等種種因素而改變。這意味著——

「男人在四十歲以後，必須對自己容貌負責。」

孩童時期流鼻涕打赤脚，長大之後卻變得不同凡響，不但畢業於一流的大學，還是某大公司的領導人物，這種例子實在不勝枚舉。

三國時代吳國有一位叫呂蒙的將軍，年輕時無惡不做，後來從軍報國。由於他的臂力很強，又喜歡打架，所以成爲軍中的著名人物。有一天他的主君孫權誠懇的對他說：

「一個人僅僅擁有力量是不夠的，必須有學問、有教養，才能成爲傑出的將軍，特別是要好好的研究兵法才是。」

從此之後，呂蒙發憤努力學習，終於變成吳國第一的兵法家。過了一段時間，他遇到從前的長官魯肅，魯肅看到他非常地驚訝，一直感歎的說「非吳下阿蒙」，意思是呂蒙已經不是當初在城下徘徊的無賴漢了。這個故事意味著肯學習的人，終有出人頭地的一天。

容貌是後天環境的一面鏡子，明明白白的展示這個人的一切。不過若要談占卜，不僅要討論過去和現在，預知未來也是重要的一環，這些都要靠一個人的模樣、形態來判斷。

研究看相術的目的是從面相和骨相觀察人的個性及預知將來的運勢。僅僅知道過去和現在，看相術就缺乏意義了。

◎擁有這種面相、骨相的人，從過去的統計顯示，擁有這樣的個性。

↓

◎有這種面相和個性的人，適合這種職業。

↓

◎而且，擁有這種面相的人，將來的運勢從統計學的觀點來看，有這樣的發展趨向。

以上的推理階段，就是看相術的根本思維體系。

從推理開始以至於結論，都和面相、骨相、手相有關。因此，人類的面相和骨相表示此人過去、現在、未來的運勢，以及此人的個性與健康狀態和生命力……等。

面相決定人生的例子

在中國看相術一向深受重視，而且也有繼續發展的獨特地位。「面相決定人生的方向」，這種實例很多，現在介紹幾個歷史上有名的人物。

奇貨可居的呂不韋

戰國時代陽翟（河南）地方的富商呂不韋，年輕時讀過兵法家鬼谷子所著的十八般武藝及看相術，之後，定居在趙都邯鄲。有一次偶然遇到一位少年，呂不韋一看就知道對方不是普通人，回到家立刻問父親：

「農夫努力的耕田，差不多能獲得多少利潤？」

「收成好的話，一年差不多可賺十倍吧！」

「寶石、珠寶之類的買賣能賺多少呢？」
「賣得順利的話，能賺到本錢的一百倍。」
「那麼買一個孩子把他培養爲一國之君，如何呢？」
「哦！那樣將得到數不盡的利益。」

第二天，呂不韋開始接近這個少年，經過打聽後，知道少年是鄰國秦的公子子楚，被扣押在趙當人質。子楚在趙國受到不好的待遇，呂不韋則對他非常禮遇。幾年後，子楚回到秦國變成莊襄王，他爲了報答從前的恩澤，於是邀請呂不韋到秦國厚待他。之後其子統一天下號稱始皇帝，呂不韋也成爲大秦帝國的宰相。

龍腦鳳睛的房玄齡

唐高祖推翻隋而創立唐朝，傳位於太宗，以貞觀之治聞於世。太宗的成功其左右賢臣功不可沒，房玄齡是其中之一，他的忠言善諫令太宗十分欣賞，最後官拜尚書左僕射，是一位優秀的宰相。

「當時杜如晦、房玄齡掌握整個朝政。所有的典章制度均爲他們兩人所訂立，深受人們的誇譽，至今談起良相者，也只有房杜二人。」（舊唐書）

房玄齡小時候，一位年長者曾稱其的頭如龍的頭，眼如鳳凰的眼般。二十年後，房玄齡竟眞的成爲唐代的三公。三公是當時最高的官，包括左僕射、右僕射、司馬三種職位。

簡單的說，「龍腦」是指頭的形狀像龍的頭型，中國易學認爲是大富大貴之命。凡冠上龍字，如龍顏、龍眼、龍口、龍鼻、龍腦……等，都是大富大貴的象徵。中國人把龍這種想像的動物，視爲神聖不可侵犯的對象。

「鳳眼」的尊稱也相同，最早權威的看相書之一，『麻衣相人術』上亦有記載：

「鳳眼就是——

◎眼角部分是帶圓的。

◎眼尾是細長的。

◎眼睛的顏色清澈有光澤。

◎眼球很黑，很吸引人。
◎眼球白的部份很少，而且很白。
◎眼球白的部分沒有任何的斑點。」
總之，無論色彩、光澤及形狀……，都要非常優秀才行。

有著如五顆星星般耀人的眼睛—孟嘗君

戰國時代的豪門望族中，有一個名列「春秋四公子」，擁有食客三千人的孟嘗君。孟嘗君是齊國貴族，姓田名文，天生體格羸弱，看他的容貌就知道不是個聰明的人，他的父親不禁懷疑——

「這個孩子能成爲大人物嗎？」

然而在孟嘗君十歲的時候，周遊列國途中遇到一位著名的命相家唐舉。唐舉一看到孟嘗君就說：

「哦！這個孩子是個大人物！那對眼睛宛如閃爍著五顆星星的光輝。這是可擔任天下之相的面貌，長大以後一定會立業，一門從此繁榮起來。尤其會獲得有才能者的協助及好的部下，靠著這些人脫離危險的命運。」

「好的部下和有才能者從什麼地方看出來呢？」孟嘗君父親問唐舉。

唐舉答：「眉毛的形狀有助於眼睛，鼻子也不小看起來很穩重，嘴大唇也厚……從這些地方都看得出，這種面相的人具領導者的氣質，將來必定有好的部下來投靠他。」

孟嘗君長大後，果然由於才華橫溢而成爲魏國的宰相，自己也養了食客數千人，是很有勢力的人物。

不久孟嘗君出使秦國與秦昭王會面，秦昭王不讓他回國而將之軟禁。於是孟嘗君派他的食客裝狗吠，盜出白狐外衣送給秦昭王的寵姬才得以脫逃。

當孟嘗君一行人急急逃到國境函谷關時，卻因爲夜已深城門早就關上了。他的食客中有人會學雞叫，孟嘗君於是要他學雞鳴，引得附近所有的雞都一起鳴叫起來，守關的人以爲天亮了，就迷迷糊糊把城門打開，孟嘗君因此得以逃離秦國。

「雞鳴狗盜」這句成語就是這樣來的。

形瘦如松柏的諸葛孔明

三國時代最有名的戰略家就是孔明，他的外型非常瘦，有一次遇到一位叫司馬德操的博學者，孔明向他請教，希望能得到相學的指引。

「先生，我的身材很瘦，相貌也不是很好看，像這樣子的貧相，可以和英雄共同經營天下嗎？」

司馬德操說：「你的確是很瘦，臉也有皺紋，不過却像松柏一樣，這就是內部隱藏有實力，外表禁得起風雨的相，將來一定能成爲揚名天下的人物。」

後來，孔明眞的獲得劉備的賞識，貢獻了三分天下的謀策，是一個稀世的戰略家，在歷史上留名。

嘴邊有皺紋的周亞夫

西漢初期有一位叫周亞夫的武將。在他擔任中原河內郡守備之時，有天和一位叫許負的人見面，許負一看到周亞夫的臉就說：

「這……我是不是可以依我所看到的直說呢？」

「沒關係，不管你怎麼說，我都不會吃驚的。」

「那我就冒犯了。依照將軍的面相來看，三年以後會被封爲諸侯，八年以後榮任漢朝的大臣，但是以後就不好了。」

「爲什麼不好呢？」

「以將軍的面相看來，唯一的缺點是嘴邊的皺紋，皺紋一直連到嘴邊，表示這個人會有饑餓而亡的憂慮。」

「別說傻話了，地位如此高的我怎可能會死於饑餓呢？」

剛毅的周亞夫一笑置之。三年以後果然因戰功而被封爲諸侯，八年以後被漢景帝任用爲丞相。之後數年，因爲吳和楚作亂，周亞夫受命討伐吳、楚，立下功勳凱旋回朝，却被嫉妒他的惡人陷害，最後以莫須有的罪名被監禁在都城，又因抗議風波遭受放逐。五天以後，不幸餓死在路上，他的一生果然如許負所言。

帝王之相的劉備

三國時代的英雄劉備，出生在河北涿縣的賣草蓆之家。家中只有他和母親兩人，雖然家境窮困，但是他的氣質出衆。

他家庭院的一角有一棵很大的桑樹，高約十公尺，枝幹茂盛。從遠處眺望時，好像王者所駕之車的車頂，宛如一把大傘的形狀。來到庭院前的旅人都會佇足觀看這棵大樹，認爲這戶人家一定會出現一位顯貴之人。

有一天，一位老人看見坐在桑樹下的劉備，就自言自語的說：

「嗯！這個孩子有帝王之相。」

旁邊的人也附和說：

「根據此人的耳朵來判斷，擁有這種大又厚的耳朵，是自古就被尊稱爲龍耳的帝王之相。」

依照劉備面相、骨相的特徵，的確有異於常人的兩耳兩手。耳的下端肉飽滿，幾乎可達到肩部，他的手自然下垂也可達到膝部。中國人一向認爲如猿般的長手，表示此人的耐力與堅忍不拔的性格，多肉的耳垂顯示帝王之命也。

半個世紀後，也就是建安二十六年，劉備果然在四川的成都登基。

第二章 中國的觀相術

中國自古以來的相書

如前所述，經常動亂不安的中國，帝王們為知己知彼調整自己的應對，因此十分重視有關相術的書。所以這方面的書自古就有很多，現在介紹幾本較具代表性的相書。

●『鬼谷子』

西元前七世紀至三世紀左右，正當中國春秋時代動盪不安之時，被稱為「諸子百家」的各流各派紛紛出現，下面介紹一些各派著名的理論家：

●儒家……孔子、孟子、荀子。

●道家……老子、莊子。

●墨家……墨子。

●法家……管子、韓非子、商鞅。

●名家……公孫龍、惠子。

●兵家……孫子、吳子、尉繚子。

●縱橫家……鬼谷子、蘇秦、張儀。

以上就是各派的代表人物。除此以外，還有許多失傳的派別，其中「縱橫家」的合縱連橫說，以蘇秦、張儀爲代表，專門討論一國的內政外交政策。「縱橫家」的始祖是一個被稱爲「鬼谷先生」的人，他的姓名和出生資料均不詳，因晚年深居山谷，處在鬼哭陰荒的神秘之地而得名。

他不論在政治、外交、兵法、天文、地理方面都有卓越的見解，現在只剩『鬼谷子』三篇流傳下來，其中有一篇「面相知心秘笈」，探討人的面相、手相等秘訣，是現存最古的一本相術書。後來有很多人摘錄它的一部分，著成「鬼谷子秘傳××法」，內容不外乎：

(1)　看相的方法。

(2) 判斷人的氣色。
(3) 根據面相、骨相探知此人心理的轉變。
(4) 利用面相尋求適合的職業。
(5) 面相顯示運勢的好壞。

雖然表面上看多而複雜，但是內容大都很相似。

一位專門研究鬼谷子的學者陳英略，他認爲鬼谷子的學說可分四大項目：

(一) 遊說諸國，貢獻自己的政治理論。
(二) 著作有關戰術、戰略的專門兵法。
(三) 以古代的「易」爲參考，研究人類的生理活動週期。
(四) 著作實用的醫學、藥學以及心靈治療等。

其中第三、四項的心靈治療都是有關相術的部分，堪稱「鬼谷子」的精華理論。

●『麻衣相法』

這是民間流傳下來集大成的看相術之書，記述孔孟時期有關面相、手相的方法。作者是清末的進士，曾擔任皇帝御前的老師，由於他經常身著蔴衣，故稱「蔴衣相士」。在辛亥革命後，也就是一九一五年時，他創立『蔴衣相法』。

雖然他的姓名不詳，但是那本『蔴衣相法』相當有名，特別是在華南、香港、東南亞一帶的華僑，都利用這本書來看相。也許是由於它的文辭平易，插圖又多，說明得也很具體吧！

前面所說的鬼谷子看相術，較偏重在心理的活動和心靈的現象；『蔴衣相法』卻是實際觀察面相、手相以判斷一個人，沒有抽象的學理。有時也使用竹籤來類推，這種方法使此書在民間相當盛行。

●『神相全編』

在中國古代的看相術叢書裡，作者、淵源、來歷等，都已湮滅不可考。其中有一種托夢的傳說，在夢中有仙人的指點……等，這些原本怪誕不實，但是卻被奉為權威。

現存的『神相全編』是從十四篇開始，討論臉部的各個部分，如形態、膚色、肉的多、寡、眼睛等，以及手相、足相、體格、星座、結婚或戀愛的對象……等，遺憾的是並不詳盡，猶如霧裏看花一般，只給人「看相術百科全書」的感覺。

●『南北相面法』

中國國土廣濶，所以南方和北方在語言、生活習慣、文化傳統上都不盡相同，當然看相術方面也是不同的。綜合南北方的看相術所寫成的書，就是『南北相面法』。前面所說的『鬼谷子』是代表北方的看相法，『麻衣相法』是代表南方的看相術，『神相全編』則是兩者折衷所寫成的，『南北相面法』就是『神相全編』的簡略本，也是流傳很廣的一部相術書。

觀察人的八要點—「觀人八法」

根據中國的相術書，我們知道評價一個人的時候可以有八種方法，依次爲：

㈠威—有沒有相稱的威嚴

威就是俗稱的尊嚴，威嚴左右一個人的權力和名聲。北方說，老鷹俯衝直下欲抓地面的野兎，這種氣勢必定使小鳥們驚惶失措。另外，一隻兇猛的老虎進入森林中，就可以使大部份的動物提高警覺，甚至不敢出來覓食。同理，一個人如果有威嚴無比的外貌，就能令人敬畏了。

是否有威嚴往往在第一次見面時就可以決定，中國的看相術非常重視這個「威」字，所以具有威嚴與否，成爲評價人的準則。

魏晉南北朝時，有一本專門集錄當時朝野名士言行的書，那就是「世說新語」。其中有一篇關於曹操的故事，現在介紹給大家。

三國時代魏武帝曹操當權之時，關外的烏桓預備派親善使節來覲見。魏和烏桓的敵對關係可說是一觸卽發，事實上，這名使節的覲見也只是想探察魏國的內部情形，最重要的是看魏國的領導人物是什麼樣的人。

曹操獲悉，立刻想出一個方法，他假扮臣下站在喬裝自己的人身旁，使者一進入看到喬裝的曹操，立刻伏在地上說：

「很榮幸，能夠獲得皇上的接見，至感惶恐。」使者一邊說一邊偷偷抬頭看看君主及四周的人，這種舉動一如曹操所料。

事後，使節一行人被領到行館。這天夜裏，曹操派人潛入行館中，竊聽到使節的對話：

「我看魏的曹公並不是什麼了不起的人物，只是空有偌大的形貌罷了，如果他眞的是曹操，那魏國就不足以懼；反而是在一旁的侍臣相貌威嚴，體型雖然很小，卻有一種很難形容的感覺，那個人究竟是誰呢？有必要好好調查一下。」

刺探者一聽馬上回去禀報曹操，曹操很訝異地說：「眞是驚人的觀察力，這個人絕不能讓他活著回去。」於是馬上派刺客把他殺了。

這就是外表看來貧弱，實際上特別有威嚴的曹操的一段故事。

㈡ 厚—能不能感覺到器量之大

體格容貌看起來很厚實的人，不論是精神或物質方面的生活都不虞匱乏。這種相貌的人，猶如「能吞舟的大魚不會在支流游動」，意思是器量大不會拘泥小節。

㈢ 清—精神、氣質是不是清癯、高貴

清就是精神翹秀而高貴，像崑崙的玉一般不爲汚塵沾染，相當的淸澈、好看。所謂「蓮花出汚泥而不染」，意思就是在稱讚這種人的高貴氣質。

三國時代，吳國孫權手下有一位清廉之士名叫虞翻，是個從不貪汚的好官。

封建時代不管是什麼官階，無不以爲自己蓄財爲樂，不時地壓榨人民的錢財，把民脂民膏通通收進自己的口袋。只有虞翻從不爲自己蓄財，實在是一位清廉之士，甚受人民的愛戴。

(四) 古—是不是很頑固

古乃骨之俗稱，容貌多骨之人多無好品格，看起來也很俗氣。外表看來很頑健，如軍人、農人、勞動者皆是此面相之人，一般言都很純樸。但是如果只有骨相突出，神不清氣不爽，就不會具有好品格。

(五) 孤—人生是不是寂寞

從頸項一直到肩部給人一種單薄無肉之感，整個身體看起來很軟弱，坐時又搖晃不能定下心來，就好像站在水邊的鷺鷥一樣，這種人注定孤苦過完一生，屬鰥、寡、孤、獨之類。

鰥——老而未娶，或失去妻子的人。

寡——失去丈夫的女人。

孤——失去雙親的子女。

獨——失去孩子的雙親。

以上這四種人都是福薄之人，終其一生只有和寂寞爲伴。

(六) 薄—體型、生命力是不是很貧弱

體格弱且瘦小之人，就像無垠大海中飄流的小船一樣，這種面相之人任誰見了都會歎息他的貧賤而爲之惋惜，就算是有依靠也活不久，簡單的說就是貧相。

(七) 惡—能否看得出凶暴的相

外表兇惡的人就像有蛇鼠的外型、豺狼虎豹的聲音一樣，不會節制自己的粗暴個性。如同刑事案件的兇手，那一個不是這種面相呢？

個性兇暴給人一種禽獸的感覺。三國時代的張飛，平時很聽從劉備的話，但是當他喝醉的時候，凶暴異常動輒殺害部下。

(八) 俗——淺薄而缺乏品格

容貌和體格都欠缺氣質，感覺上好像蒙上一層污穢的塵土，就算目前生活在不愁衣、食的環境，也難以持續長久，最終還是過著匱乏的生活。

第三章 如何看面相

臉的各部位名稱

臉上除了眼、耳、鼻、眉、口以外，各部位還有一定的名稱，仔細區分可分爲：

Ⓐ天中——額的上部。
Ⓑ天庭——額的中部。
Ⓒ司空——額的下部。
Ⓓ中正——眉與眉之間。
Ⓔ印堂——兩眼之間。
Ⓕ山根——印堂之下鼻梁上方。
Ⓖ年上——山根下去一點。
Ⓗ壽上——年上的下方。

①

臉的各部位名稱

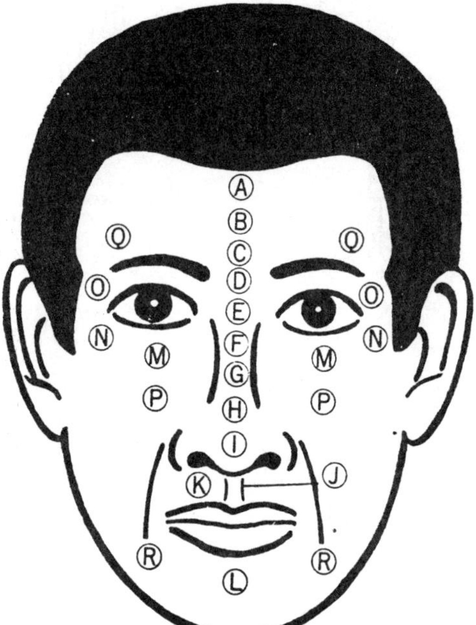

Ⓘ準頭——鼻頭。
Ⓙ人中——鼻下方凹入處。
Ⓚ食祿——人中的左右部分，也就是長鬍子的地方。
Ⓛ承漿——下唇的下方。
Ⓜ淚堂——兩眼以下。
Ⓝ魚尾——眼尾稍下。
Ⓞ奸門——眼尾稍上。
Ⓟ補弼——淚堂的下方。
Ⓠ福堂——眉的稍上方。
Ⓡ法令——鼻翼到嘴角一直線下來。

眉——表示此人的聰明與品格

古時的眉與楣字相通。楣乃門上之橫樑，以骨相而言，眉就是眼睛上的橫樑，是在保護眼睛的。

眉的位置是從髮際到下顎之間差不多三分之一的部分，和臉的縱線是垂直的，左右均有同樣的形狀。

哺乳動物中只有人類有眉毛，綜合以上的特徵，眉有下列的功能：

1　保護眼睛。
2　增加臉部的美。
3　顯示聰明程度和品性。

接著就依眉型說明不同的性格：

② 官器的佈分衡均臉

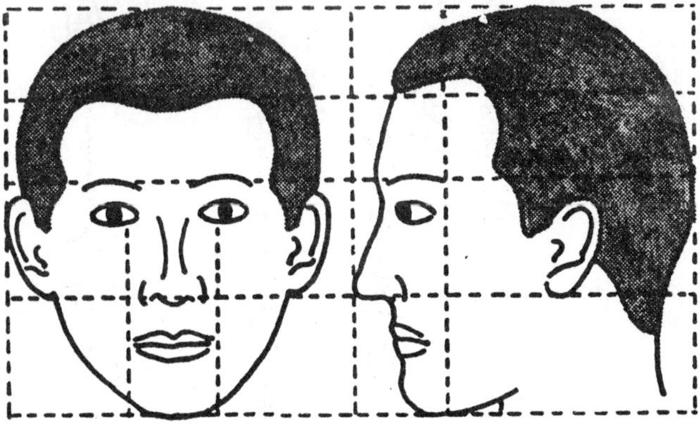

(1)又細又平的眉毛，相當清秀而且也很聰明，是女孩子最喜歡的。

(2)眉毛濃而粗，短而倒逆，是性情頑固之人。

(3)眉很短，是貧窮的相貌。

(4)眉毛中間有間斷而且相當地稀薄，是沒有兄弟緣的面相，而且凡事只能靠自己。

(5)眉上有黑痣，表示此人又聰明又有地位。

(6)眉毛下垂而且很長，表示此人很膽怯。

(7)眉毛中間有很長的白毛，表示長壽之相。

⑻幾乎看不出有眉毛的人，是個性狡猾，凡事不能令人信賴之面相。

⑼兩眉過於接近的人相當性急，忍受不了苦。

⑽兩眉之間間隔過長，表示此人做事很有耐心，不會爲太多的事操心，也不會急性子。

⑾眉毛很細好像細線般的人，一生都得不到孩子的孝敬，貧窮過一生。

⑿像飛蛾羽翼之眉，表示此人喜歡性生活的樂趣。

⒀八字眉的人是誠實而勤勞的，一生都可過著平安幸福的日子，不會爲錢煩惱。

⒁一字型的眉毛，這種人一生享盡榮華富貴，和配偶的生活也很圓滿。

⒂像掃帚一樣開始時較濃，到了末端變得稀稀疏疏的，表示此人無法和別人融洽相處，老年會發生不幸。

⒃眉毛往下彎稱爲「羅漢眉」，有這種眉的人大多心地善良而且容貌美麗，楊貴妃、西施都是這種眉。

③

各式各樣的眉(一)

(1)細、平、長、秀

(2)濃、粗、短、毛逆

(3)眉很短不能完全覆蓋在眼上

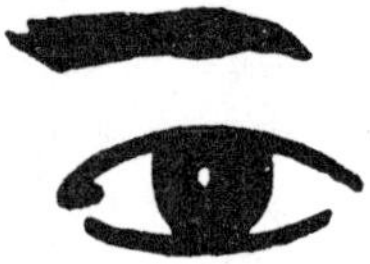

(4)眉毛中間有間斷而且相當地稀疏

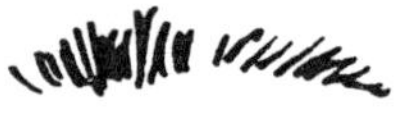

(5)眉毛上有黑痣

(6)眉尾下垂而且很長

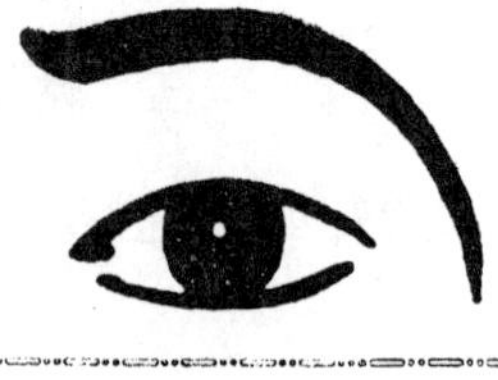

④ 各式各樣的眉(二)

(9)兩眉過於接近

(10)兩眉間隔過長

(11)如線一般細的眉

(12)像飛蛾羽翼的眉

(13)八字眉

(14)一字型且粗之眉

(15)像掃帚一樣的眉

(16)眉尾往下彎的(羅漢眉)

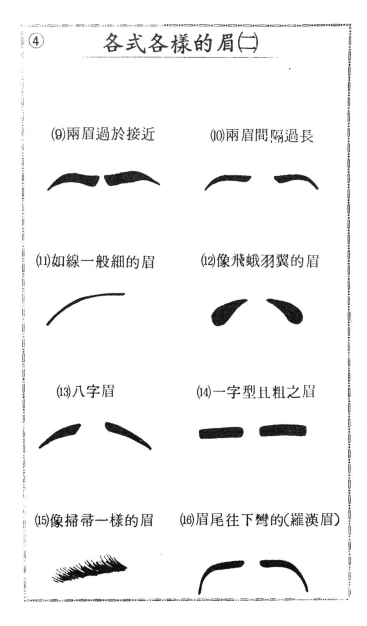

眼——表示人的心理狀態

「日月乃萬物之鑑，眼是人身的日月，左眼爲日象徵父親，右眼爲月象徵母親。」

這就是古來中國對眼睛的看法。

「眼睛是心靈的一面鏡子」，從眼睛可以看出一個人的心裡動向。

古代中國人一直信奉「陰陽」兩極的二元說，把兩眼比喻爲日月，『孟子』一書中有下面一段話：

「其心正則眸子瞭焉，其心不正則眸子眊焉。」

眸子就是眼睛，眼睛是表示人心的動向，給人的第一印象不外乎眼的形狀、眼神、瞳孔的顏色，靈活與否……等等。

⑤

眼的形狀

Ⓐ 龍眼

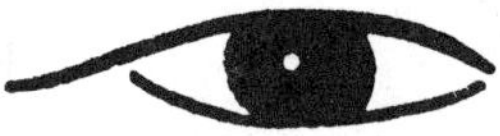

Ⓑ 鳳眼

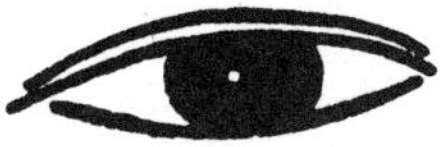

Ⓒ 獅眼

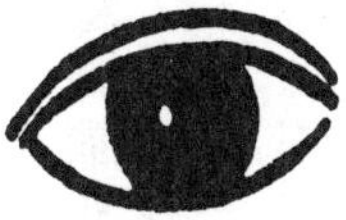

Ⓓ 非常小的眼

Ⓔ 象眼

Ⓕ 貓眼

以形狀判斷

Ⓐ細長、水平的形狀是好眼睛的代表，這種眼睛非常有神，稱爲「龍眼」，是一生都享有榮華富貴之高貴相。

Ⓑ不是很細長，但是眼角帶圓而有光澤，眼球很黑，白色部分也很清澈，稱爲「鳳眼」，是聰明也有高地位的一種相。

Ⓒ大而銳利之眼稱爲「獅眼」，有很好的藝術感，雖然開朗但是性情易變，做事情也容易厭倦，屬於粗暴的性格。

Ⓓ非常小的眼睛表示此人天性懦弱，只適合在他人手下工作，不適合當領導者。

Ⓔ細細的看不清瞳孔的眼睛，稱爲「象眼」，這種人做事相當有理性，不喜歡把感情表露出來，因其善於理財大多很富有。

Ⓕ圓形而瞳孔很有光澤的稱爲「貓眼」，這種人既薄情又缺乏慈悲之心，是

屬於「自我本位」的性格。

由眼神判斷

專門看面相的人，重視眼神超過眼的形狀，以瞳孔的顏色及銳利度來判斷一個人的身心及狀態。眼睛無神好像要睡的人，表示其不能專心；而像水一樣的媚人眼睛，就是感情豐富的象徵。

以眼球的位置判斷

Ⓐ 兩眼的形狀應該一樣，如果大小形狀不同，就不是很好的相。

Ⓑ 眼球靠近上眼皮的人眼光銳利，屬於頑固而且意志力很強的性格，比較男性化。

Ⓒ 眼球靠近下眼瞼的位置，這種人看起來很溫和，但缺乏魄力和決斷力，屬

⑥

眼球的位置

(A)左右對稱的眼球

(B)靠上的眼球

(C)靠下的眼球

(D)在正中間的眼球

(E)四白眼

(F)　三白眼

上三白　下三白

女性性格。

Ⓓ在中間而且很標準的眼球，表示此人經綸滿腹，是相當有見識的類型。

Ⓔ「三白眼」，是眼睛上、下三分之一的地方爲白眼，又可分上三白與下三白。這種人的自我意識很強，完全不考慮別人的立場，一味地剛愎自用，情緒的起伏也很強烈，難與人融洽相處。

Ⓕ「四白眼」就是上下差不多有兩分的白眼，這種面相也不是很好，頭腦雖然不錯但是缺乏道德修養。自古以來，許多壞人皆爲四白眼。

Ⓖ眼球以烏黑的顏色較好，褐色的人生性殘酷，略帶黃色的人又是運勢不佳的面相。

Ⓗ以眼球的大小來看，眼球小的人較好。

以眼球的靈活度來看

雖然無法用圖表示，但是卻很重要。

(1) 眼睛靈活的人不但腦筋好判斷能力強，而且善於觀察四周圍的動靜。
(2) 眼睛不靈活的人，判斷力必然遲鈍，對四周也缺乏觀察力。
(3) 眼球經常轉動沒有定性的人，表示他的心裡也很不安定。

其他

Ⓐ 中國的看相術中把略帶黃色的眼球稱爲「羊眼」，這種人不論其運勢或性格皆屬大凶，而且是成不了大事的命。
Ⓑ 眼睛白的部份比黑的部份多也是凶，這種人心地不是很善良。
Ⓒ 紅眼的人是沒有金錢運的，身體會有一點缺陷，所以也是貧相。
Ⓓ 斜眼也不好，不管在愛情或金錢、地位、家庭上都無法很圓滿。
Ⓔ 眼球居中能一直保持正視的人，表示有自信而且野心很大。不過，這種盛氣凌人的姿態有時也很令人討厭。
Ⓕ 在眼尾的部份有黑痣或刀傷也不好，如果是男性可能喜歡和人爭執，女性則可能就是較爲放蕩的女子，也是屬於凶的面相。

鼻——象徵生命力與財運

鼻子的位置在臉的正中央，表示人的生命力。挺直的鼻子表示此人的能力、地位及運勢都很好；相反的，鼻相不佳者，他的生活也大多不幸。

鼻的大小

鼻子的高低、長短及大小主宰一個人的運氣，尤其是鼻翼的部分。現在先從鼻子的長度來說明，一般而言鼻子應占臉部的三分之一，由髮際到眉部占三分之一，鼻子占三分之一，鼻子以下至下顎占三分之一，東方人比西方人稍微短一點。

鼻子愈長的人愈有「領袖運」，壽命也比一般人長，有很多政治家都是屬於這

⑦

鼻的位置

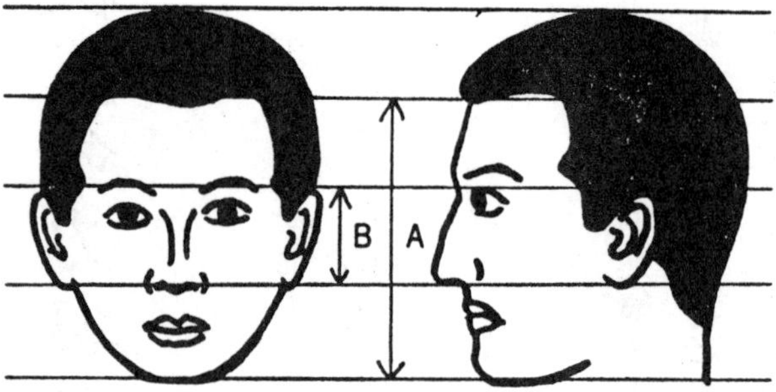

$B = \frac{1}{3}A$

種長鼻型者。另外，鼻子愈高的人愈好，表示此人具有理想和尊嚴，而且他的地位和見識也高於一般人。

大鼻子的人又比小鼻子好，多肉之鼻尤佳。對於男性而言，大鼻子是事業的象徵，生命力也比普通人要強，但是極端大的鼻子就徒有氣力而無溫柔之心，當然是遠離愛情了。

鼻的形狀

D　穩重而大的鼻子代表有財運，做任何事都能圓滿成功，尤其富於知識性。

E　多骨而削薄型的，這種人生命力很弱，體質也不好，缺乏工作精力，所以與事業和成就無緣。

F　是所謂的「羅馬鼻」，這種人天生鬪爭心強，最大的缺點就是和人相處缺乏協調性。

G　是前端下垂的鼻子，是自私自利且小氣的性格，最大的壞處就是無法令人

⑧

各式各樣的鼻(一)

A. 長鼻

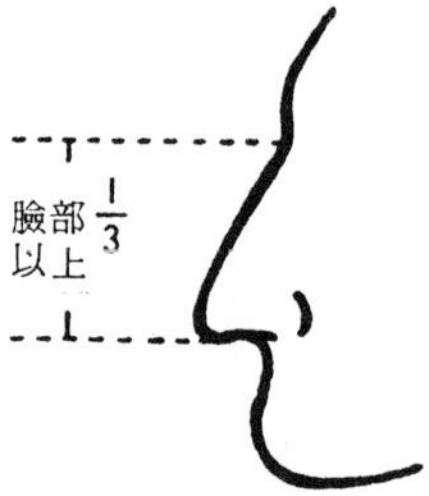

B. 小鼻

C. 極端大的鼻

D. 穩重而大的鼻子

E. 多骨而削弱的鼻

⑨ 各式各樣的鼻(二)

F. 羅馬鼻

G. 前端下垂的鼻子

H. 鼻翼多肉

I. 帶圓的獅子鼻

J. 蒜頭鼻

K. 鼻孔朝上的

喜愛。

H 是鼻翼多肉，這種人相當的有財運，異性運也很好，適合做財經界的領導人物。

I 是帶圓的獅子鼻，在中國這種獅子鼻的人被認爲最有福相，運氣好又有錢，事業也相當的發達。

J 是所謂的「蒜頭鼻」，形狀比獅子鼻稍短小，是非常誠實又正直的人，做事情也很認眞負責，對於男性而言是好的，但是女性若有這種「蒜頭鼻」，就是寡婦相。

K 鼻孔朝上，一般以鼻孔大小適中最好。太小表示其健康狀態不佳，肺活量也小；鼻孔過大的人，則對人對事都沒有耐性。若是鼻孔朝天，表示他的見識廣博有學問，所以，可能會瞧不起別人，也不討人喜歡。

耳——暗示壽命、富貴與名望的部位

看一個人的耳有幾個基準，如下：

⑴顏色。

⑵位置。

⑶大小。

⑷堅硬度。

⑸其他。

顏色

⑩

耳的名稱

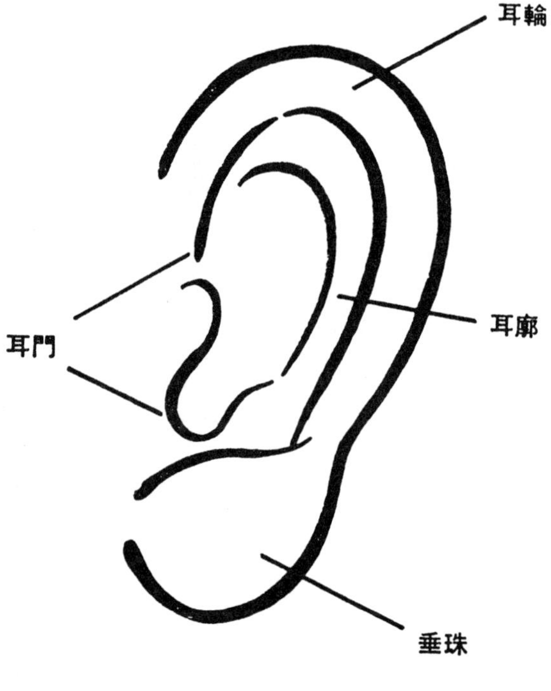

Ⓐ　顏色帶白

這種人名聲遠播天下皆知，歷史上知名的劉邦、唐太宗、蜀帝劉備、吳國孫權、明太祖朱元璋……等，都有這種略白的耳。

Ⓑ　顏色帶紅

如果是耳門帶紅色，表示此人有官僚仕途之命，若是耳垂略帶紅色而且有肉，表示此人生活富裕，並且一生享用不盡。

Ⓒ　紅黑色

整個耳朵都是紅黑色，表示此人心地不善良而且性格殘暴。歷史上有名的奸臣秦檜，就是這種紅黑色的耳朵。

Ⓓ　顏色帶黑

帶黑而有斑點的耳朵屬大凶，這是一生貧困悽涼之相。

⑪

耳的位置

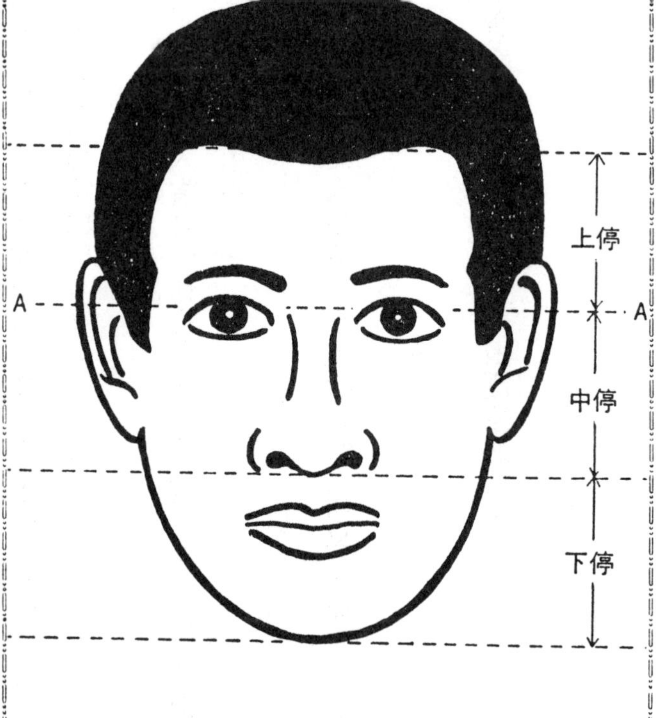

耳的位置以A線的上方為一般比例

比眉的延長線稍微高一點是最標準的位置，比這爲高的稱爲「狼耳」，這種人天性好與人爭，也不懂得和人和睦相處。比眉的延長線爲低的耳稱爲「羊耳」，這種人心地善良性格也很溫馴，缺點是沒有魄力。若耳的下端超過鼻的下線，這種人就是事業家的類型，公司高階層的主管大都有這一類型的耳。

長短、大小

Ⓐ 耳朵特別長而且大，這種耳朵是中國傳統中最理想的相，有如佛像的耳，但是並不多見。

Ⓑ 長而細的耳稱爲「兎耳」，這種耳並非好的相，是過著窮苦日子的貧相。

Ⓒ 大又堅實的耳，代表男性的勇敢和決斷力，軍人、官吏等都有此類型之耳。

Ⓓ 小而軟的耳朵，表示此人缺乏計畫性，事業也難有所成。

堅硬度

原則上，堅硬的耳朵較吉，軟的耳朵運勢不佳。堅硬耳朵的人如果是男性，表示膽大有決斷力、有能力之人。反之，如軟體動物的耳部就給人無能、軟弱之感。女性中若有耳廓異常堅硬者，她的事業雖然有成，堪稱為「女強人」，但幫夫運不好，而且很可能失去丈夫而成為寡婦。

其他

Ⓔ 在中國，耳垂就象徵「福祿」，福祿厚實的人一生都不會因錢財而煩惱，尤其耳垂多肉者更是。

Ⓕ 耳中長很長的毛是壽的象徵，稱為「壽毛」，千萬不可剪掉。

Ⓖ 耳中有黑痣亦是吉相。這種人可得兒女的恩惠，年老以後有兒女照料。

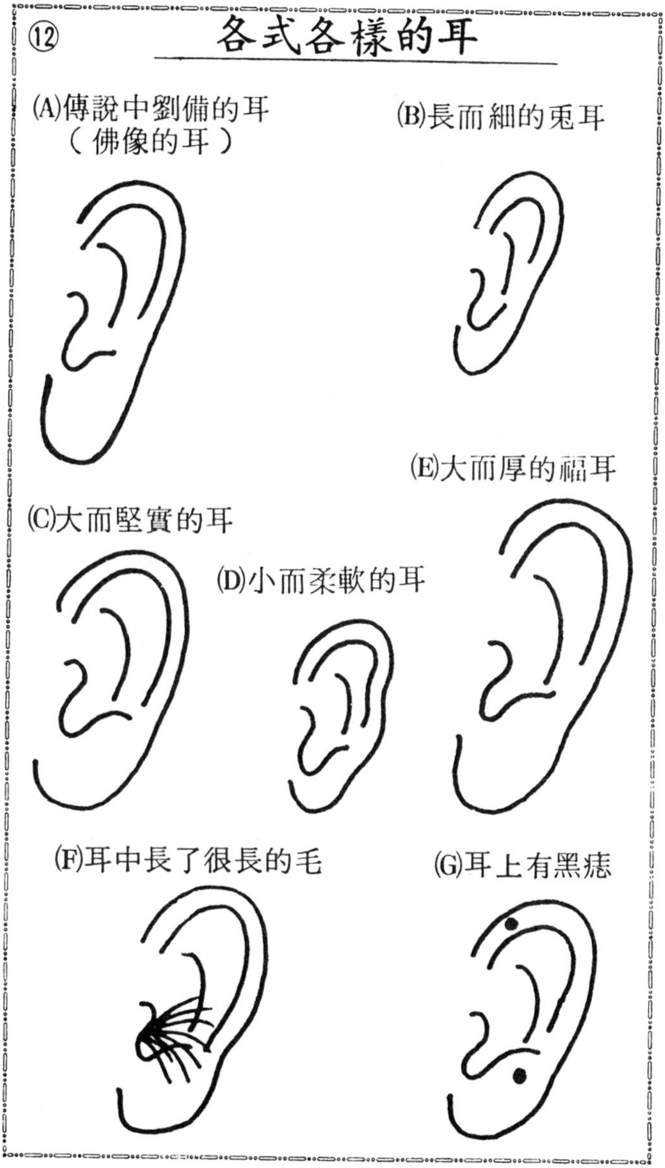
⑫ 各式各樣的耳
(A)傳說中劉備的耳
（佛像的耳）
(B)長而細的兎耳
(E)大而厚的福耳
(C)大而堅實的耳
(D)小而柔軟的耳
(F)耳中長了很長的毛
(G)耳上有黑痣

Ⓗ 耳垂薄而無肉的人一生窮困，名聲、福壽、事業均和他無緣。

Ⓘ 耳的左右大小不同，這種人很難立於高位，不過很適合當個被差使者，特別是小丑。

Ⓙ 耳洞又叫做「風門」，以風門較小的爲佳。

口——與食欲和性慾有關

「嘴是語言之門，飲食之具」，也是洞悉一個人食欲和性慾這兩種人類本能的部位。

嘴的位置在兩眼球內側垂直線之間，超過這個寬度就叫大嘴，比這個標準還小的就叫小嘴。我們評論一個人的嘴，以它的形狀、大小和唇厚薄來看。

大小

中國有一種說法就是：「嘴，拳能容且出入自如者，將相之命也。」

但是這種說法僅限於男性，女性若有此大嘴雖具才幹，但欠缺女性之魅力。

⑬

嘴的位置和大小

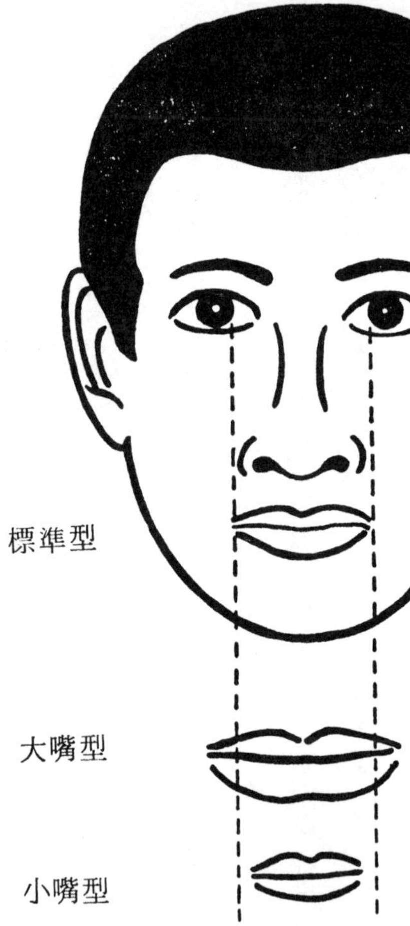

相反的，嘴小的人性格上是耐心不足，欠缺積極向上之心，而且運勢也很弱。在中國，男女的嘴小均表示得不到子女的照料及奉養。

形狀

Ⓐ 上下唇呈很均衡的四角型，稱爲「四字嘴」，這種人很聰明適合研究學問，是屬成功的事業家，一生不愁衣食。

Ⓑ 嘴的兩端緊閉，是屬意志很強而且長壽之相。

Ⓒ 嘴的兩端往上揚，這一型的人運勢佳，得到他人的尊敬，地位、金錢、愛情、事業都很順利，這種有如蒙娜麗莎的微笑是好的面相。

Ⓓ 嘴的兩端向下彎的人相當獨裁，不但頑固而且自我意識很強，欠缺與他人的融和性。雖然他的地位、事業還不錯，可是家族運卻很差，女性還可能成爲寡婦之相。

Ⓔ 下唇突出的面相，表示此人的愛情運很好，特別是女性尤佳。由於執著心

⑭

各式各樣的嘴(1)

(A)上下唇呈很均衡的四角型

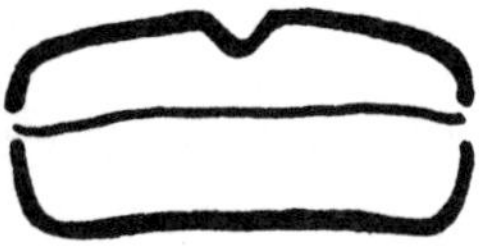

(B)嘴的兩端緊閉

(C)嘴的兩端往上揚

(D)嘴的兩端向下彎

⑮ 各式各樣的嘴(2)

(E)下唇突出

(F)下唇凹入

(G)上下雙唇均突出

(H)雙唇均縮進的類型

(I)有如櫻桃小嘴的
三角型的嘴

(J)嘴唇前端尖且薄

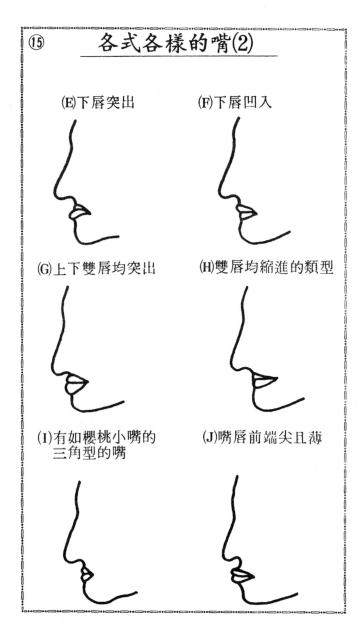

很強，所以婚後要特別注重夫妻間的溝通。

Ⓕ 下唇凹進去的人性格較弱，不適合做爲領導人物，但是由於勤勞肯努力，能夠安於工作，不容易有厭倦的情形，所以生活也很安定。

Ⓖ 兩唇均突出的面相，相傳這種型的人是雄辯家，口才好又善辯。

Ⓗ 和前者相反的是雙唇縮進去的類型，這種人很內向，社交上比較吃虧，對四周的人保持距離，既不與人爭也不關心別人。

Ⓘ 是「櫻桃小嘴」型，中國人都不喜歡這種類型的人，由於運勢弱，所以地位和財運都不好。

Ⓙ 嘴唇前面尖尖是貧賤之相，性格雖然規規矩矩，但是不能成就大事業、地位、財富、子孫都不是很好。

唇

唇是表示愛情的，上唇是給予愛情下唇是接受愛情，以下簡單介紹幾種：

(A) 唇厚之人表示他的征服慾強，對事業很熱中亦能得到成功，通常都可成爲大人物。

(B) 唇薄之人乃福薄之相，性格冷靜不會衝動處事，缺乏性魅力，運勢稍微顯弱。

(C) 唇上有縱紋的人表示他的愛情運很好；完全沒有縱紋的人，不會注意到別人，缺乏與人相處的能力。

(D) 唇上有傷的人不好，特別是上唇有傷者，愛情和財運都不好，挫折頻頻。

(E) 嘴唇的顏色顯示人的健康狀況，從色彩感覺來看，紅的當然比黑及無血色要好，下面以這三種顏色來說明。

◎紅的唇很好，但若是像血一般的大紅色，就表示此人肺臟的功能不佳。

◎帶黑的唇，表示此人內臟有缺陷。

◎太白無血色的唇是貧血及低血壓的象徵。

其他

⑯

唇的形狀

(A) 厚　唇

(B) 薄　唇

(C) 唇上有縱紋

(D) 唇上有傷

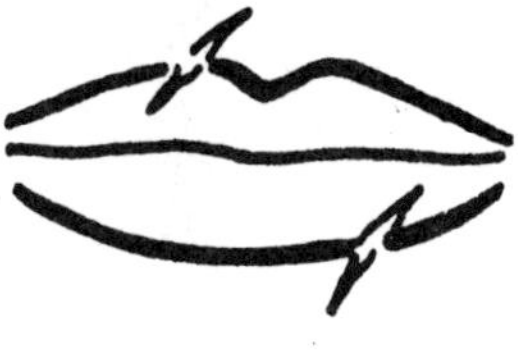

(H) 其　他

笑時能清楚看到上牙齦

另外再以笑時口腔的色澤來判斷：

(F) 口腔的顏色略帶紅色的人健康狀況最好，不管金錢、地位、權力方面都相當不錯。

(G) 笑時口腔略帶黑色則不佳，和別人相處得不好，運勢上也稍弱。

(H) 笑時能清楚看到上牙齦的人，給人散漫的感覺，使人不知不覺地遠離，這種人可以靠訓練來改善狀況。

臉——臉型及氣色看運勢

眼、耳、口、鼻四種器官都能顯示人的性格與運勢，臉型也可判斷吉凶，以下介紹幾項：

臉的形狀

依照形狀來分有逆三角型、圓型及四角型。

Ⓐ 逆三角型——

此種臉型的人比較具有藝術氣息。適合頻頻動腦的職業，學者、作家、藝術家、教師多屬於這種型，不適合做勞動體力的工作。一般而言，這種臉型的人氣質很

⑰ 臉的形狀

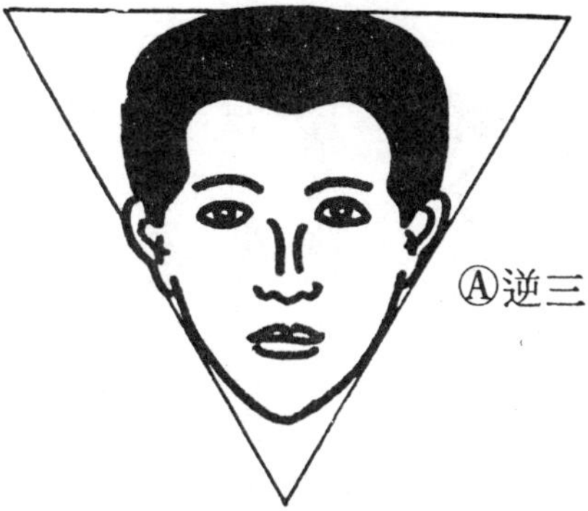

Ⓐ逆三角形型

Ⓑ圓型

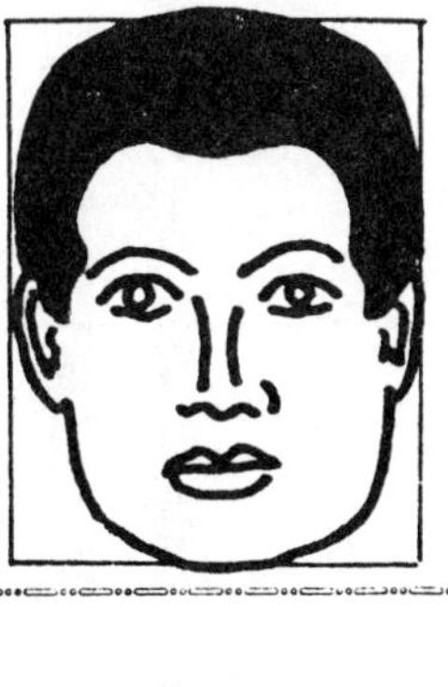

Ⓒ四角型

好。

Ⓑ 圓形——

圓臉的人大都稍胖，不喜歡與人爭執，是相當敬業樂群的人，適合服務大衆的工作。

(C) 四角形——

雖不是正正方方的四角形，但由於顴骨和顋骨突起給人一種四角形的感覺。此種人好勝心強喜歡挑戰性的工作，通常運動員、軍人都有這種四方形的臉，缺點是頑固而且性情急躁。

部分的狀態

中國的看相術把臉分爲上停、中停、下停三部份。

●上停

由髮際到眉眼之間屬於「上停」。

⑱

臉的三停

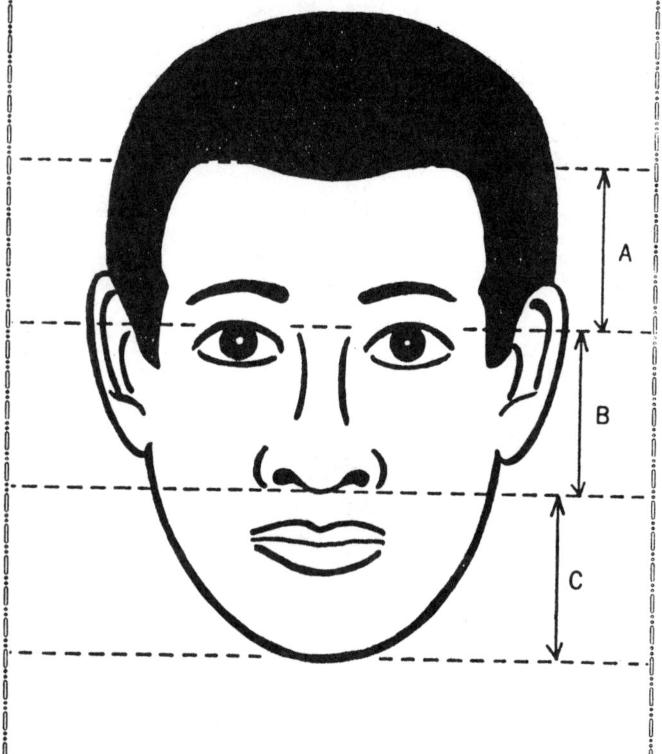

A……上停(天)　C……下停(地)
B……中停(人)

1　表示人生開始的三分之一，顯示二十七、八歲的運氣。

2　此外顯示此人的長輩、上司……等。

上停愈豐腴愈好，表示此人的少年、青年時代幸福美滿，屬於吉相，如果僅有骨的輪廓，表示此人經常和長輩、上司衝突。上停有傷或黑痣則不吉，對女性來說，更是結婚運不佳的表徵。

●中停

從眼眉之間至鼻下端稱爲「中停」，顯示一個人壯年期的運勢。這個部位豐腴的人，在中年時就已得到權力和地位，過著不愁金錢的生活，鼻翼豐滿的人尤其爲佳。如果無肉、有傷及有痣者運勢將不好，是所謂的「貧相」。

●下停

鼻子下端一直到下巴部分稱爲「下停」，除顯示一個人晚年的命運，也顯示晚輩、部下及居住環境的運勢。一般來說，下停豐腴的人屬「吉」相，年老以後一定能受晚輩的尊敬和奉養。下停柔軟且瘦的人，得不到晚輩及屬下的信賴，而且居無定所，經常有舉家遷移之苦。

臉色

再依臉色來觀察此人的健康狀態：

(1) 有光澤的臉對生活狀態很有助益，表示身體健康精神充沛；反之，皮膚乾乾的就是疾病的象徵。

(2) 白一點的臉對黃種人比較好，是地位高也不愁衣食的面相。

(3) 太紅的臉表示循環系統有缺陷，是短命的象徵。

(4) 發怒時黑青的臉，表示此人心地不是很善良，也許隱藏著害人之心。

(5) 發白鐵青的臉色是呼吸器官不良的表示，這種人很神經質，也是短命之相。

額——成長、知性、品性的表徵

中國的看相術把額定義爲貴賤之府，足見額頭可左右一個人一生的地位及名譽。根據額頭可以推測一個人從年幼到長大以後的過程，以及他的品性和學問……等。

額頭的飽滿情形

(A)　多肉且隆起的額頭，是屬品性高潔富知識的人，歷代王位繼承者多屬此類，是受人敬愛的人物。反之，若能清楚看出額頭骨形的人，就是會一直不停地和人爭執，而且因此發生事故而亡的面相。

(B) 又寬又長的額頭是「吉相」——是既富貴又有智慧，而且長壽之相。反之，額頭狹小表示此人視野淺短，愚昧貧困，得不到上司長輩的垂愛。

(C) 額頭左右不均衡，表示和雙親很早就必須分開。左側扁平之人表示其父親早歿或離別，右側扁平則表示其母早歿或分別。

額的形狀

(D) 角形的額

這種角形的額以男性居多，是好的面相。這種人不拘泥於小節，具有積極向上的個性，所以能成就事業，物質運、家族運、地位、名聲都很好。若為女性，就是重事業勝於家庭的女強人。

(E) 山型的額

此類型的額頭女性較多，這種女性心地善良又溫柔，是在好家庭中長大的人。由於缺乏爭鬪的精神，所以無事業可言。

(F) 圓形的額

像拱門一樣的圓額，表示此人性格平和是個好好先生，但是缺乏判斷力而且懦弱，所以只能過著平平凡凡的生活。

(G) M字型的額

中國人把這種M字型的額稱爲「猴額」，據說孫悟空就是這種額形。這種人在藝術方面的才能勝過科學上的知識，樂壇上有名的貝多芬就是屬於這一型。由於此類型的人感情起伏很大，所以欠缺和別人相處的融和性。

其他

(H) 錛頭，是一種突出的額，這種人比普通額頭的人更具決斷力，判斷能力強且快，當然也富有行動力，可算是實行家。

(I) 額上的皺紋顯示一個人的思考力，皺紋愈多表示此人處事之前會經過不斷的思考；額上沒有皺紋的人是屬於樂天派，由於沒有煩惱所以生活快樂。有兩三條

⑲ 額(1)

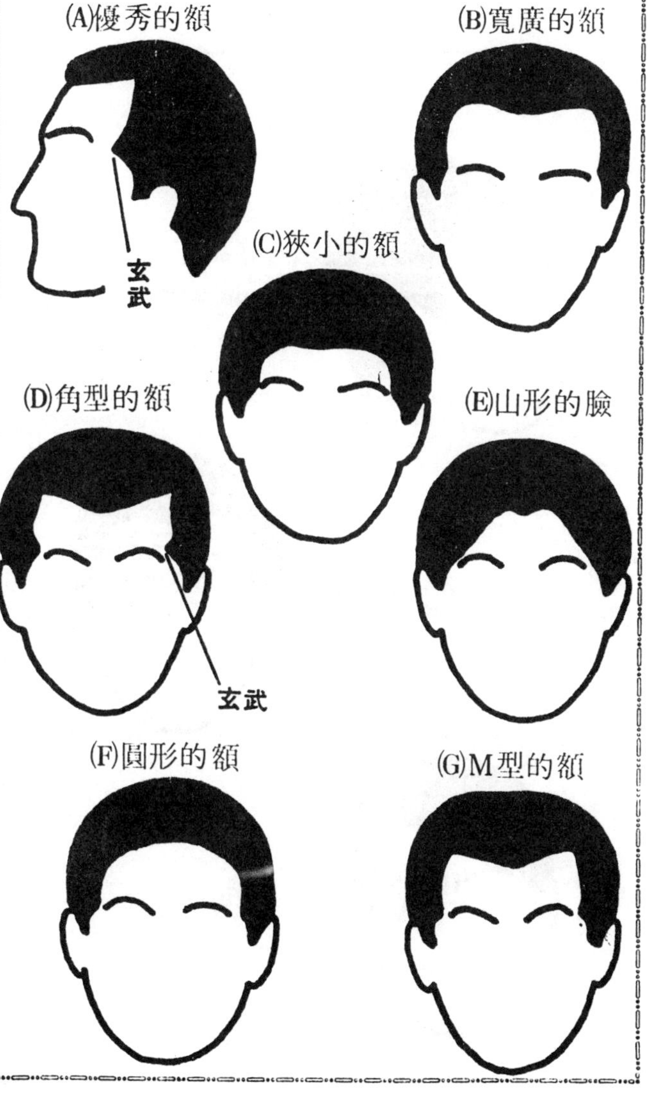
(A)優秀的額
(B)寬廣的額
玄武
(C)狹小的額
(D)角型的額
(E)山形的臉
玄武
(F)圓形的額
(G)M型的額

⑳

額(2)

(H)錛額

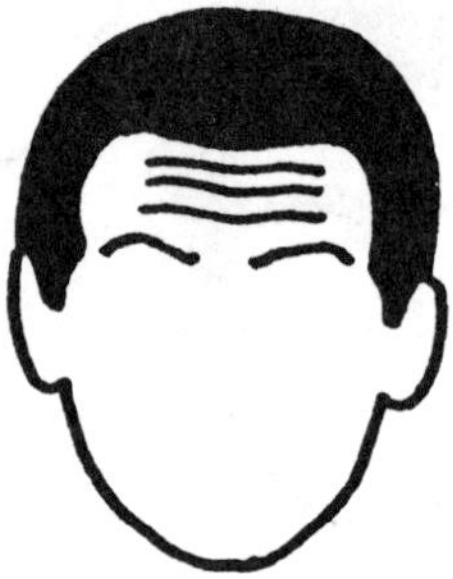

(I)額上有皺紋

(J)眉間皺紋

皺紋的人，是知識飽滿的學者型。

(J) 兩眉之間有條紋的人，是善於理財而且不隨便浪費金錢的類型。由於對任何事都很執著，所以事業會成功。有兩條以上皺紋者，表示非常有金錢運而且出手濶氣。

(K) 髮際長得很不整齊，如果是女性就是剋夫的命，歷史上有名的「壞女人」多屬此類。

顎——表示晚年的運勢

(A) 角型的顎：

此類型的人意志力強又固執，雖然事業勉強成功，但是不受人歡迎；不認輸、不投降是他的處事原則。

(B) 比角型稍微圓的顎：

此型之人雖然意志力強，但因知道有時仍必須妥協，所以很少和人發生摩擦。個性強又會克制自己，往往能成就大事業。

(C) 略帶圓形的顎：

這類型的人大都屬於好人，肉多呈雙下巴的人生活富裕，但頭腦並不是很好，不適合成為使用腦力的學者。

㉑ 下顎的形狀

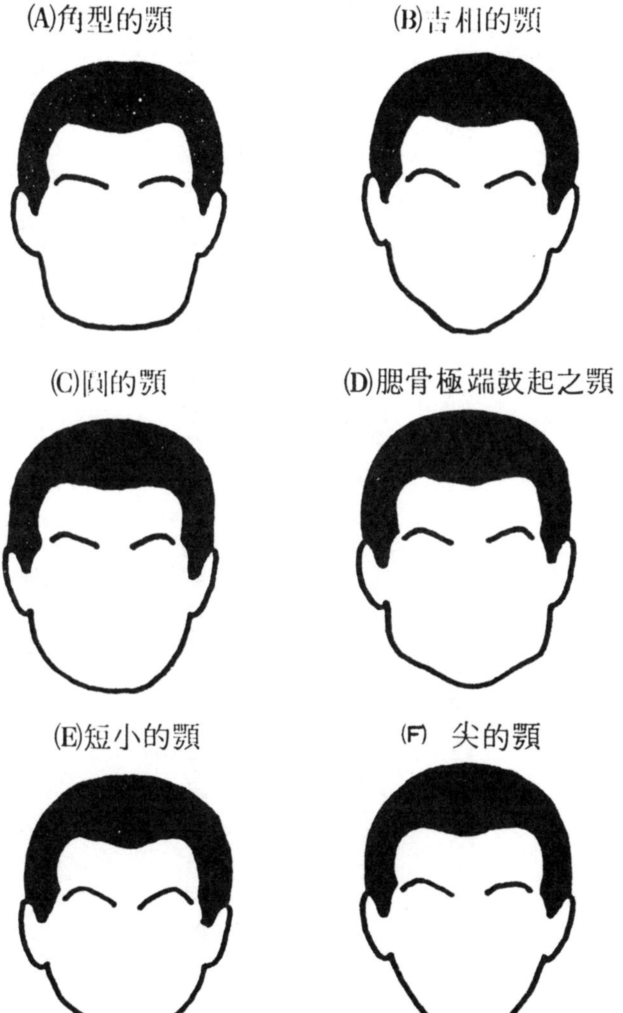
(A)角型的顎
(B)吉相的顎
(C)圓的顎
(D)腮骨極端鼓起之顎
(E)短小的顎
(F) 尖的顎

(D) 腮骨極端鼓起之相：

這種人如果遇到不順遂的事就會相當氣忿，由於他是信奉權力者，所以會不顧恩情出賣別人。

(E) 短小的顎：

此類型的人年老後會很孤寂，得不到子女的奉養，和異性的感情也很淡薄，必須思索晚年孤獨生活的對策和方法。

(F) 下顎尖的人：

這種人很冷靜，喜歡孤獨，所以日子過得很孤單，大多具有藝術的天分。

(G) 下顎前端凹進出的類型：

此種人耐力強而且感情豐富，對別人的善意很感激，很討人喜歡。

人中——表示壽命和財運

鼻子下面的短溝相學上稱爲「人中」，是表示一個人壽命和財運的重要部位。

⑴ 人中長是長壽相，金錢運也很好，這種相的人大多是富翁之類。

⑵ 人中短的人命也短，既無財運也沒有家族運，苦難不斷，性格也隨便。

⑶ 溝淺不清楚的人中是災難多的相，女性大都有難產的命。

⑷ 人中溝深、線也明顯是天生勤勉者，事業有成是人上人。

⑸ 人中上面狹窄下面寬廣的人有子孫緣，相反的，上寬下狹的人中表示子女少。

⑹ 人中歪曲不直，表示此人沒有信用；相反的，筆直的人中就屬正直型的人。

㉒ 各式各樣的人中

(1)人中長的相

(2)人中短的相

(3)人中溝淺不清楚的相

(4)人中溝深線也明顯

(5)人中上狹窄下寬廣

(6)人中上寬廣下狹窄

(7)彎曲的人中

(8)人中又長又往上揚

(9)人中上長黑痣的相

(7) 人中又長又往上揚者，有財運、工作運及子孫運，是長壽的吉相。

(8) 人中上長有黑痣爲吉，可以得到屬下及子女的照顧，是好的面相。

法令——判斷事業運及家庭運的基準

法令是從鼻翼兩端向下垂，圍著嘴的條紋。中國的相術書上，法令顯示工作、壽命及家庭運。小孩子和年輕人不會出現這種條紋，中年以後才會出現。

(A) 法令長爲吉相，是長壽的象徵；短且中斷的法令卻是短命的象徵。

(B) 法令呈八字後端變寬的類型，表示此人有好的工作，是企業界的頂尖人物，家庭運很好而且受人尊敬。

(C) 法令狹窄後端不寬的下垂型，此類人是利己主義者，執著心很強又吝嗇。卽使工作成功也不孚人望，在家中也很寂寞。

(D) 法令的末端進入嘴角，自古就被稱爲「餓死的相」，傳說漢代的周亞夫將軍就是這種相，現在幾乎已看不到。

㉓ 各式各樣的法令

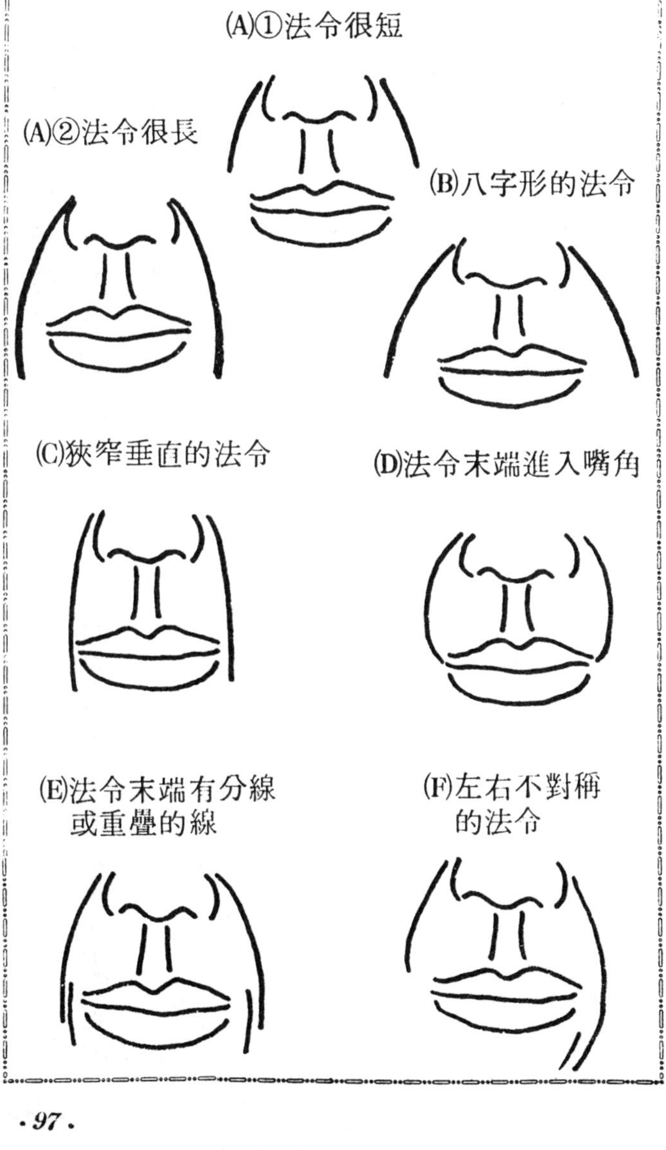
(A)①法令很短
(A)②法令很長
(B)八字形的法令
(C)狹窄垂直的法令
(D)法令末端進入嘴角
(E)法令末端有分線
或重疊的線
(F)左右不對稱
的法令

(E) 法令的後端有兩條以上的分線，表示此人能得到兩種以上的職業，女性則有再婚的可能，嚴格說運勢還不壞。

(F) 法令左右不對稱，長度、粗細，以及清楚的程度不同，這是工作不安定的面相，可能需要經常換工作。

黑痣與皺紋——從位置或條紋數看吉凶

皮膚上黑色素所造成的顆粒狀斑點稱爲「黑痣」，像雀斑一樣的小黑痣可以不去管它；但是大到一眼便可見的黑痣就可評論吉凶。

臉上的條紋叫做臉紋，笑時肌肉牽動所產生的條紋不算。

Ⓐ 在額頭上的黑痣大多沒有影響，額上有三條皺紋者運勢極佳。如果只有一條而且又很短，運勢就很弱。

Ⓑ 兩眉之間的印堂有黑痣，表示此人頭腦靈活，愛情運及家族運都好。

Ⓒ 眉毛中間有痣也相當好，不但財運好又很長壽，是大吉之相。

Ⓓ 在眼睛下面突起的部份叫做「淚堂」，男性這個部位有痣，表示有「桃花運」，是會受女性歡迎的面相。

㉔ 黑痣和臉上的皺紋

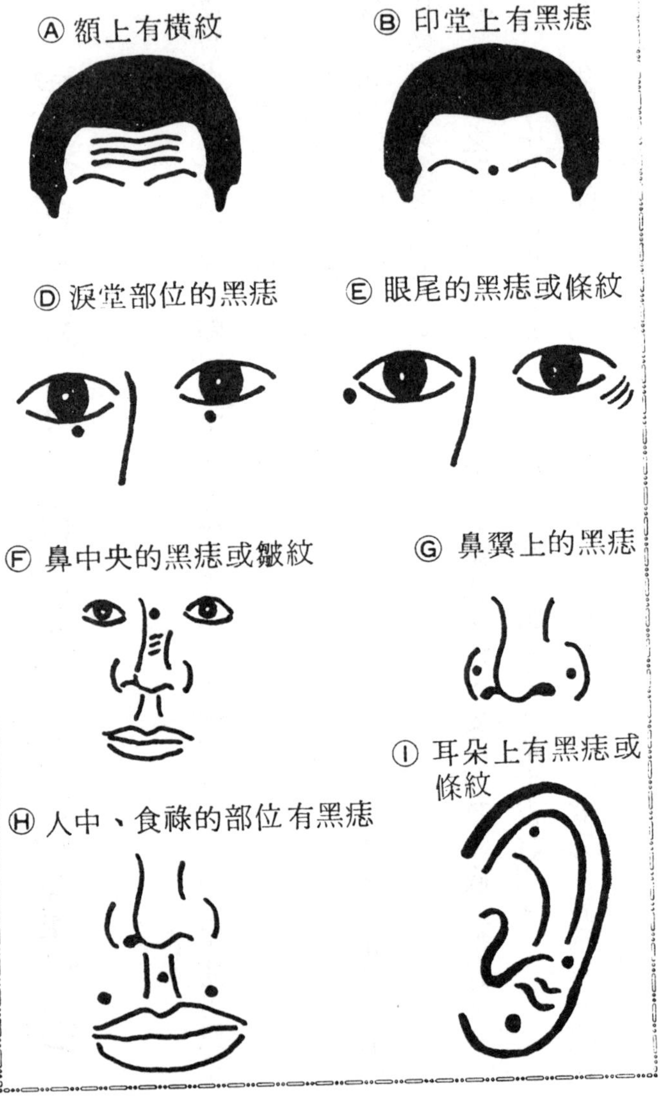
Ⓐ 額上有橫紋
Ⓑ 印堂上有黑痣
Ⓓ 淚堂部位的黑痣
Ⓔ 眼尾的黑痣或條紋
Ⓕ 鼻中央的黑痣或皺紋
Ⓖ 鼻翼上的黑痣
Ⓘ 耳朵上有黑痣或條紋
Ⓗ 人中、食祿的部位有黑痣

Ⓔ 眼尾有黑痣表示此人好色，性格上很濶氣，有性的魅力。此部位有條紋的人，情緒上比一般人脆弱。

Ⓕ 鼻中間有黑痣或條紋是身體虛弱的象徵，必須時時注意自己的健康。

(G) 鼻翼有黑痣或條紋是能存錢的相，所以這種人一生不愁錢，屬吉相。

(H) 人中及人中旁稱爲「食祿」的部位，如有黑痣表示此人運勢好。

(I) 耳上有黑痣或條紋屬吉相，財運、權力運皆佳，而且長壽。

一般來說，被衣服蓋住看不見的黑痣是好的。

第四章　人的個性、品性都呈現在臉上

面相與個性

有兩千年以上歷史的中國看相術，集觀察人類性格知識之大成，這一章就是研究觀察性格的方法。

稱爲萬物之靈的人類，擁有比其他動物複雜十倍的性格及心理，所以要徹底瞭解一個人是相當不容易的。現代人的平均壽命都延長了，二十歲結婚的人，大有可能迎接金婚、銀婚的儀式，可是就算共同生活五十年，仍有很多互相不瞭解的事。

歐美國家離婚率很高，近來我們也有提高的趨勢，結婚二、三十年後才離婚的中年夫婦也增加了，原因不外乎外遇問題、生活困苦、性生活不圓滿及個性不合……等。其實在婚姻生活的前幾年已發現雙方不合適，但爲了孩子還小，怕别人笑話等原因都一直忍耐，等二、三十年孩子長大可以獨立時，雙方就各走各的路。

另外由於長時間的相處，互相都誤以爲很了解對方，但事實上卻不然，長年的感情一下子就冷淡了，沒有辦法繼續生活下去，所以只有分開一途。

可見要了解一個人的個性是多麼困難，必須花費一段很長的時間；唯有確實把握其個性，才能做好人際關係。

雖然一個人的個性不易理解，第一印象也不見得準確，但是在中國人所創的看相術中，卻可判斷出一個人大概的個性，下面介紹六種：

認真又老實的面相

「老實」是人類基本個性之一，不管在世界什麼地方都可以看見這一型的人。

老實的個性和以下個性有關：

◎正直而且不欺騙。

◎頑固又不通融。

◎堅實而不做輕率的事。
◎精神上安定，不附和別人。
◎冷靜且不容易興奮。

中國自古就把人類世界的一切現象，分爲「陰」、「陽」二類，「陰」是動靜中的「靜」，銳鈍中的「鈍」。

『史記』蘇秦傳中有一個「尾生之信」的故事。

一個叫尾生的人，有一天和戀人相約在郊外的橋上見面，等了一個小時、兩個小時，他的戀人都沒有來。這時候河水暴漲情況危急，尾生卻相信戀人一定會來，所以遲遲不肯離去。結果水愈漲愈高，尾生雖抱住橋柱子，但仍溺死在橋上。後人把這種固守約定的愚直之人，稱爲「尾生之信」或「抱柱之信」。

這種事在現代是令人想像不到的，如此認眞的個性在面相學上有以下幾個特點：

(1) 臉的面積很大有如角形，表示此人很老實而且容易信任別人。

(2) 額頭很寬，這是富有常識而且善良的相。

㉕

老實個性的面相

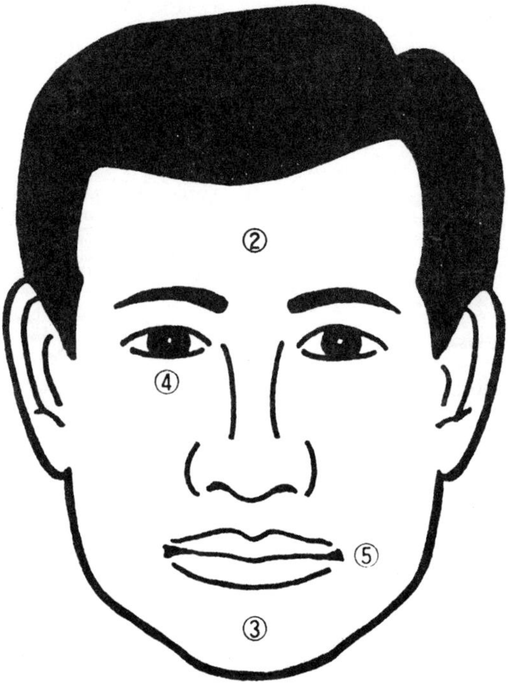

①面積寬又呈角型的臉
②寬額的臉
③下顎突出
④視線堅定不隨便移動
⑤大而緊閉的嘴

(3) 下顎突出是意志力強且穩定的個性，但多半會傾向於頑固。

(4) 視線的移動很堅定，這種人的個性也是很固執。

(5) 大的嘴、緊閉的唇是老實而保守的，也是能確實完成工作的典型。

常與人發生糾紛的面相

人類是社會性的動物不能離群索居，如果欠缺與他人的協調性，就無法和周圍人和諧相處，容易和他人發生紛爭，令人討厭。

協調性不良的人，如果從個性分析，大致有以下幾種：

◎自我意識強又喜歡批評別人，正是所謂「嚴以待人，寬以待己」型。

在能力上認爲自己最優秀，所以非常自滿，看不順眼別人做的事，又喜歡干涉別人，經常出口傷人或出手打人。

◎性急而易怒是這類人的特質，無法冷靜的思考問題，只是一味地急躁。

◎鬪爭心很強又愛出風頭，佔下風時就難以忍受，這時候往往會發揮鬪爭的本能，與人抗爭到底。

◎自我本位，討厭犧牲自己。

三國時代蜀的張飛只要拿起一丈八尺的矛，就認為自己是天下無雙的大人物，他最大的缺點就是性情殘暴，特別是在喝醉的時候。劉備很擔心張飛的個性，所以對他說：

「你和他人的糾紛太多，對待部下也太過份，這樣下去一定會惹上災禍。」

紀元二二二年蜀帝劉備為替義弟關羽報仇，動員大軍遠征吳國；張飛在部隊出征前下令三天內全軍白衣赴戰，三天內要準備好根本不太可能，部將范彊和張達因此請求張飛延一些時候。沒想到張飛却怒道：

「你們想違抗我的命令嗎？三天以內如果沒有準備好，你們就沒命。」並把兩人縛在木上。

不料當天晚上，范彊和張達在無計可施的情形下殺死爛醉的張飛，然後逃到敵國。

這就是沒有顧慮到後果的可悲事件。

好與人爭的面相，有以下幾個特點——

㉖ 與他人多爭執的面相

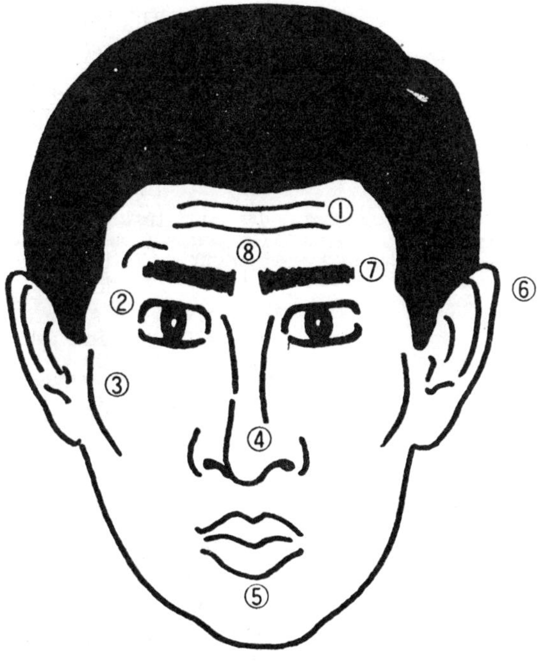

①狹窄的額頭
②有如四角形的眼睛
③顴骨突出
④高的鼻子
⑤嘴部突出的面相
⑥如狼形無肉之耳
⑦眉毛短又常會聳動之相
⑧眉間狹窄之相

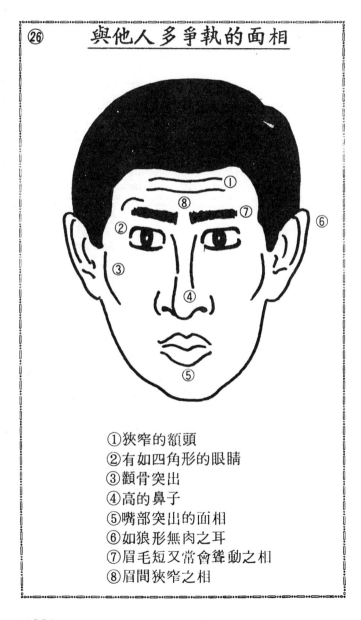

①額頭狹小表示短視近利者。

②四方形的眼睛在看相術中被稱爲「角眼」，是猜疑心強又待人嚴苛型的。

③顴骨突出的人鬪爭心強。

④鼻子高的人表示優越感很強。

⑤嘴部突出的人好議論，最喜歡和他人爭辯，且往往是自己理虧。

⑥耳朵無肉且薄的人，經常和別人發生糾紛，原因是度量太小了。

⑦講話的時候眉毛聳動，表示和別人，特別是和長輩及上司有爭執。

⑧兩眉之間太過狹隘的人，表示個性急躁，而且對許多事情不滿。

沈著有膽識者的面相

平時的學業成績很容易就及格的學生，經常是沈著有膽量的人。因爲一些很容易解答的問題，由於膽量太小之故經常做錯；膽大心細的人，輕易的卽能做好事情是很平常的。

所以在補習班有一種訓練，教導學生如何應付考試，大膽去做題目，不慌不忙的應對，往往都能順利的通過考試。

在緊要關頭能不能沈著冷靜，和一個人的性格有關，冷靜而沈著的人有以下幾個特點：

◎膽量大，不論在多少人面前都不會畏首畏尾，適合做主持人之類的工作。

◎對於突發事件有應變的能力。

◎果斷有實行力。

◎有堅忍不拔的精神，很冷靜，不會輕易把喜怒擺在臉上，內心隱藏著強烈的意志力。

被稱爲「亂世奸雄」的曹操，就是有著冷靜沈著的個性。

東漢中平六年（一八九年），在宮中政變時乘機奪位的一方之覇董卓，集宮廷的勢力於一身，完全無視於皇帝的存在。當時漢王室的舊臣和天下英雄豪傑都無法忍受他的專橫，尤其是歷經三代的元老王允，更覺得痛心，立志要打倒董卓。

這個時候，華北名門武將袁紹交給王允一個密函，內容是要懲罰董卓。於是王允就利用祝壽儀式時，將這封密函給大家看，希望能商量出一個計策。

大家對董卓的作爲雖然覺得憤慨和悲傷，但是要把豪勇無雙的董卓消滅談何容易。坐在一旁的曹操就對王允說：

「關於這件事就交給我曹操來辦吧！董卓將任命我爲驍騎校尉，明天就要去叩見他，就讓我趁機把他殺了吧！允老是否有蓋世寶刀，就請借給我吧！」

曹操接過王允的寶刀，第二天早上就前去叩見董卓。此時董卓在寢宮裡，只有慓悍的呂布在旁護衞。

曹操心想：「這樣子可不妙了……」

這時只聽董卓大聲的說：

「哦！是孟德嗎？你不是說很快就會來拿辭令嗎？爲何延遲至今？」

曹操回答：

「是的，因爲我找不到好馬，您賜給我驍騎校尉的高位，心想仍騎我這匹瘦馬不好，所以一直想找一匹好馬。」

「那麼，好馬找到了嗎？」

「沒有，好的馬實在不容易找。」

「你早說就好了，我已經從我的故鄉山西帶來了好馬……。」

於是，董卓就向身邊的呂布說：

「你到馬舍去找一頭適當的馬來。」

曹操看著走出房間的呂布硬挺的背影，心裡想：

「……太好了，現在就是機會了……」

董卓又躺下來並且對曹操說：

「你就在這裏稍等一下吧！」

瞬間，曹操欲拔出繫在腰上的名刀，就在這當兒董卓坐起身子說：

「孟德，你這是幹什麼？」

曹操心想不妙，但是依然沈著，絲毫不顯驚慌地跪下來，雙手捧著劍。

「受到您的提拔，而且又賜給我名駒，實在感激不盡，所以我獻上這把寶劍，希望丞相能收下它。」

把寶劍交給董卓，董卓隨卽拿起劍來看，的確是很出色的一把劍。這個時候呂布回來了，曹操很懊惱自己的任務沒有達成，他無奈地說：

「我這就去試騎了。」

一出去就立刻跳上呂布牽來的馬，揮鞭而去，一路逃到洛陽城外。

董卓最初只是覺得奇怪，後來發現事實，氣得滿臉通紅。

「……這個傢伙，原來他一開始就想殺我……。」

從這個故事中可看出曹操臨機應變的能力，沈著又有勇氣，的確相當不俗。

在中國的看相術上，把這種冷靜、沈著的個性，分爲以下幾個特點：

①角型的男額，從側邊看像絕壁一樣，這種人生性剛直而不畏縮。

②眉毛長又有氣勢，表示不膽怯又富積極性。

③眼睛雖然不大，但眼球大目光銳利，看起來炯炯有神，這種「目光炯炯」的眼睛，表示此人有勇氣、意志力強。

④鼻翼大而且鼻孔橫又寬，表示沈著不怕困難及強敵。鼻子高高地隆起，代表此人性格剛直，有俠義之心。

遊俠之士大多是這種鼻子，運動選手中的拳擊手、摔角選手、柔道選手也多屬於此面相。

⑤口大又緊閉的人，既熱情膽量又大。

⑥耳朵堅硬，耳洞又大是男性勇敢的象徵；反之，耳洞小的人，做事畏首畏尾。

⑦顎骨突出的人，意志力強，不隨便屈服於強權之下。

㉗

沈著而膽大的面相

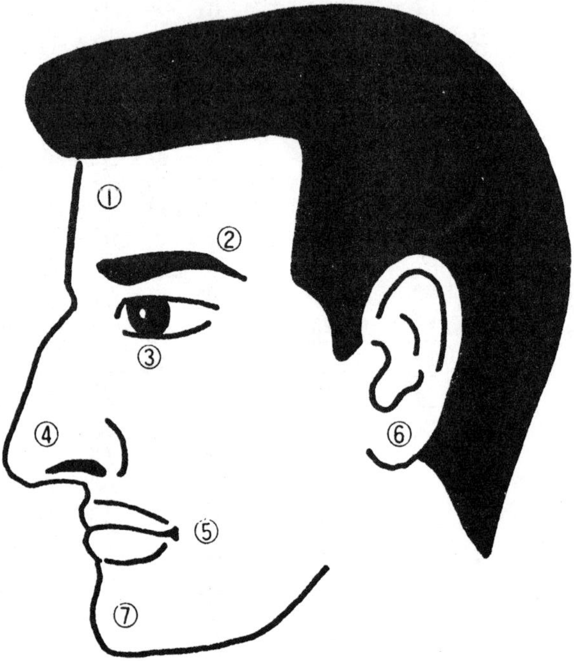

①垂直的角型額頭
②又長又有氣勢之眉
③目光銳利
④鼻翼大、二段鼻、鼻孔又橫又大
⑤嘴巴大而緊閉
⑥耳朵堅硬，耳洞又大
⑦顎骨突出

熱情家的面相

自古以來，因爲熱情而完成世紀羅曼史的人很多，在世界各地，熱情洋溢的人比比皆是，這也是爲什麼會有那麼多浪漫詩人的原因。有名的詩人如：海涅、歌德、李白、杜甫、白居易……等。

熱情的性格延伸出來，有以下的特點：

◎具有衝動的個性，一旦墜入情網馬上分不清眞假。

◎對於藝術和文學極具感性，觀察能力又強，很適合做設計師、作家、畫家、詩人、音樂家……等，作品也是生動又熱情。

◎忽冷忽熱的熱情家，熱得快冷得也快。熱的時候好像達到攝氏四十度，冷的時候又過於冰冷，這種人情緒起伏很大。

◎經不起誘惑或甜言蜜語，是盲目又容易掉淚的，用「情人眼裏出西施」這句話，形容他對一些事物的盲目愛戀是再恰當不過。

容易成爲熱情家的個性，其居住環境或際遇也有很大的影響。例如，拉丁民族及日耳曼系、斯拉夫系諸民族，比其他地方的人更熱情，因爲他們生長在溫暖的地中海陽光之下，比北歐那些生活在陰鬱天空下的人自然要熱情。

中國人傳統上把熱情的愛稱爲「兒女私情」，詩及文學作品較少以此爲題材，原因是中國歷代所受儒學的影響很大，所以在中國傳統的看相術上，對這種熱情的個性未給予高評價。

以下就將這種熱情的性格特徵作簡單的介紹：

① 眼睛又圓又大，特別是眼珠很大的人，感情相當豐富；這種人大都有雙眼皮，觀察力強，容易產生靈感，對愛情、工作都會一下子全部投入。

② 雙眼皮是相當迷人的，著名的明星如蘇珊海華、費雯麗、伊莉莎白泰勒等都有這種迷人的雙眼皮，另外英國的傾城美女辛普森夫人也屬於這一型。一般而言，這一型的人羅曼史多。

③ 眉毛直又長成一直線的人，不僅僅只對愛情全神貫注，對任何事都會用全

㉘ 熱情家的臉

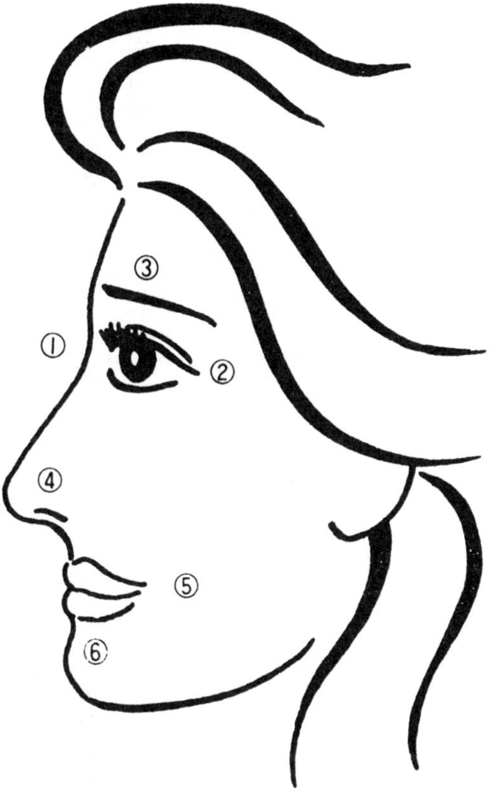

①眼睛圓又大，特別是眼珠子很大的
②有雙眼皮
③眉毛長又直如一字形
④鼻子又高又整齊
⑤唇很紅且上唇厚
⑥下顎頂端凹陷進去

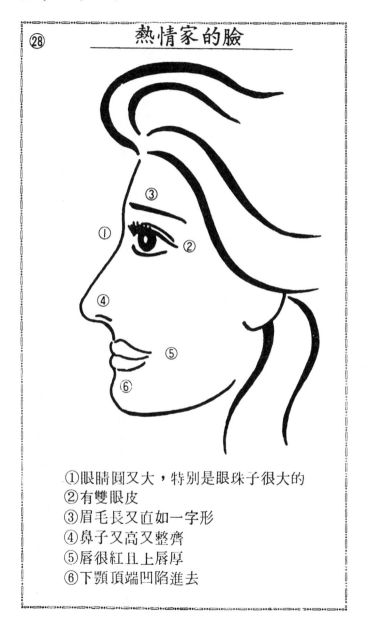

副精神去處理，是屬於認眞型的人。

④鼻子高又整齊，不太大，肉又薄，屬帥男之類。沒有充實的生命力，是旣無權力也沒有金錢的運勢。

⑤唇色很紅，上唇也很厚，具有很強烈的愛情慾。

⑥下顎凹陷進去的人，會一直專心地喜愛一樣東西，不僅限於異性，對藝術或事業都很熱情。

容易犯罪者臉部的共通特徵

生活過得富裕，地位、名聲都很高的人，比較不會跟別人爭，當然也不會去偷或搶別人的財物。

相反的，如果一生下來就很貧窮，一直過著有一頓沒一頓的生活，就比較容易去做壞事。只要不是有先天的犯罪癖，任誰也不喜歡去偷去搶。

雖然這麼說，任何社會都有很多竊盜、詐欺、性犯罪、暴行……等罪犯。階級性顯著的政治犯不談，一般的刑事犯是不是因環境如此或者是生性有犯罪的癖好，這是我們要談的。

很容易誘發犯罪的性格如下：

◎克己心很弱的個性。人類是群性的動物，無法像魯賓遜一樣在孤島上生活。

所以，必須訓練自己有理性、有教養……等。克己心很弱的人容易發怒、做壞事，就是因爲沒有訓練自己之故。

◎自我顯示慾強，一般而言，刑事犯比較愛出風頭，目的只是想做一番大事情來驚動社會，以引起別人的驚異及關心，本身對財物可能並未迫切需要。

就像曾經轟動一時的林宗誠犯罪集團，他們並不缺錢也不是沒受過教育，會犯下那麼多的搶案，目的只在顯示自己的智商。

◎一般的罪犯意志力很薄弱，禁不起貧窮、挫折……等困苦；也可能是受人驅使而做出違法的事。人類本性大致屬善，也多能明確地分清楚善、惡。所以那些人在做壞事之前，往往心裡認爲：

「稍微做一點壞事也沒什麼關係吧！」

於是就愈陷愈深了。

◎有些人因「憤世嫉俗」的心理而犯罪。也許是本身常受人欺侮，或是一直過著不安定的生活，因此而自憐也不爲人祝福，一心只想如何陷害別人，使別人和自己一樣地淒慘。

◎性急又喜歡發怒，這是犯罪者的一般性格特徵。衝動得無法在行事前稍微考慮得失，所以往往做出令自己後悔的事。這種人很容易和別人起爭執，最好凡事冷靜，退一步海濶天空，這樣就能減少犯罪。

三國時代蜀的劉備，三顧茅蘆請求諸葛孔明做他的軍師，又在吳、魏的勢力未達四川之前先行進入，在四川稱雄，以與吳、魏兩強抗爭。這時候爲廣求人才，所以有選拔賢才的儀式。

會場上除劉備、諸葛孔明外，還有張飛、趙雲……等猛將列席審查應募者。其中有一位叫魏延的武者，體格魁梧，一拿起矛就有超群之勢，對於兵法理論也很精通。當他在發表戰略論時，劉備就說：

「嗯！這個人可以用哦！」

劉備決定任用，徵求幕僚們的意見，在座都表示贊同，只有諸葛孔明一人反對，他說：

「請等一等，我想最好還是不要任用他。」

「爲何呢？這個武者比一般人還強健，戰略又很巧妙，可以任命爲將軍。」

「這個人的武藝的確高超，不愧爲一流的人才，但是他的面相不好。」
「面相！哪裏不好呢？」
「他的髮際凹凸不平，下顎的腮骨又極端地突出，從背後也看得相當地清楚，這就是俗稱的『叛逆之相』，恐怕以後會做出背叛國家、爲害君王的事。」
但是劉備不聽勸阻，仍然採用魏延；魏延作戰時的確很勇猛，但是缺乏忠誠之心。在劉備死後，就因在戰場上違抗命令而使蜀軍大受其害。
容易犯罪的人在看相術上有以下的特徵：
① 整個臉型或眼鼻的部位有不平衡感，比方說，臉型不正，眼、眉、耳左右的形狀和大小不同，或是不在正中線上；缺乏知識，對任何事都有偏激的解釋。
② 髮際不是一直線，有細的凹凸成爲很明顯的鋸齒狀，就是孔明所說的——「天中，參差多矣。」
這種面相的人不能接納別人的善意，有反悔、背叛的可能性。
③ 眉間及兩眼之間狹窄，這種類型的人大都很性急，在惡劣的環境下長大的也很多。

㉙ 容易犯罪的面相

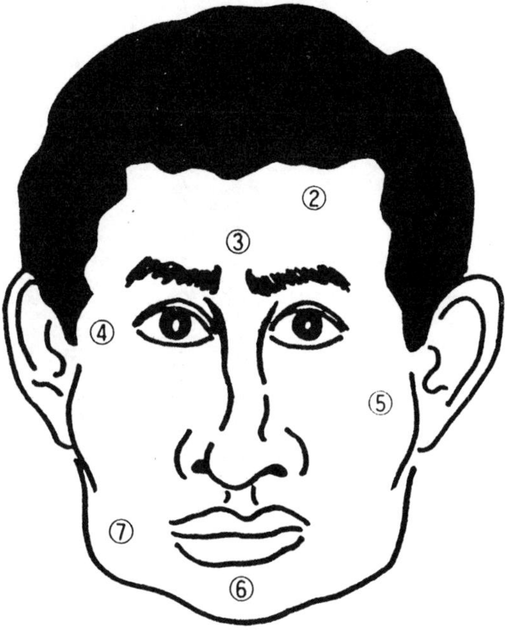

①整個臉型或眼鼻的部位有不平衡感
②髮際呈凹凸明顯的鋸齒形
③眉間及兩眼之間狹窄
④沒有眼尾而且很圓的眼睛
⑤顴骨突出
⑥下顎在臉上看起來不均衡
⑦腮骨極端突出

④沒有眼尾而且很圓的眼睛，這種人情緒不安定、不沈著，缺乏定性，內心也經常動搖。視線無法穩定，飄移不定。

⑤顴骨突出型的，表示對自己的克制力很弱，和他人多紛爭。

⑥下顎極端大或極端小的，整個臉給人的感覺不太平衡，是缺乏自制力的類型。

⑦腮骨極端突出，如前所述從背後仍可清楚看到，這種人心地不好，經常有冒失、魯莽的情形。中國自古就視此相為「賊相」，應該警戒。

個性隨便者的臉型

大部份的人都喜歡規規矩矩的人。就職業而論，公務員和銀行員多屬此類，雖無獨創性，但很遵守規定，在固定的範圍內做好工作。

有一個民間故事「報恩的鶴」，內容是講一隻受傷被救的鶴，爲了報恩乃變成恩人的妻子，每天晚上不停地幫丈夫織布，並且交代丈夫在她織布的時候不能偷看。但是有一天，好奇的丈夫忍不住偷看，原來她是拔下自己的羽毛來織布，妻子知道丈夫在偷看，於是第二天早上就飛走了。

有關報恩的故事在別的國家也有類似的，拔自己的羽毛織布，而且擺得井然有序，卽使被丈夫看見，仍將布織好並疊整齊後才告別。這雖然和民間故事本身無關，但是卻說明了這種規規矩矩的性格。

規規矩矩的人最討厭行爲隨便的人，一般的企業經營者也都不喜歡性格隨便的人。

這種比較隨便的性格，和以下的性格是共存的。

◎金錢上比較隨便，同樣領了薪水，有的人規規矩矩的記帳，有計畫的運用金錢，儲蓄也很多；有的人則錢一拿到手，什麼東西都想買，沒有計畫的亂花錢，接近月底口袋就已空空了。

對金錢比較隨便的人，不僅浪費自己的錢，也向他人借錢，同時還經常忘了還。

◎自制力弱。性格上比較隨便的人，很難控制自己的慾望和感情，所以行爲十分隨便。

◎虛榮而隨便。這種人經常打腫臉充胖子，明明沒有錢，卻因虛榮心作祟而喜歡請客，毫不考慮自己的經濟狀況。

◎缺乏計畫性，沒有數字觀念，經常一件事做一半就停止。這種人的部屬和妻子因此都會相當地辛苦，但他本人並不覺得，這類人不適合做學者、技術家、研究

㉚

性格隨便的面相

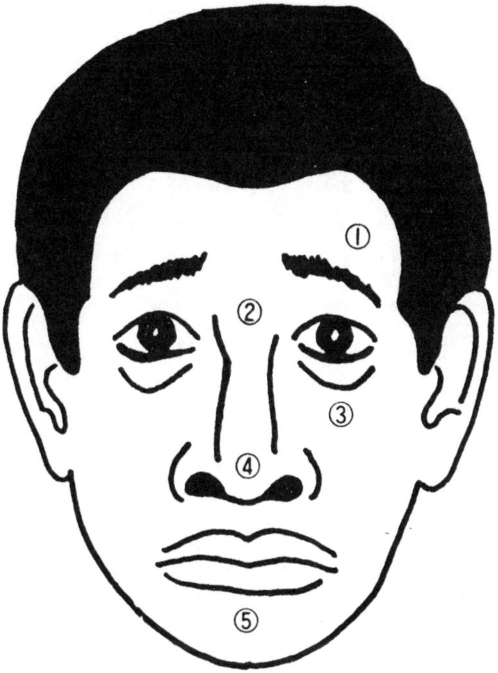

①眉呈八字形
②兩眼的間隔很寬
③下眼瞼下垂
④鼻孔很大
⑤嘴大而不緊閉

員……等。

◎做事情粗枝大葉。這雖不一定是短處，但由於工作態度馬虎，往往會疏忽細節。

性格比較隨便的人在人相學上有以下的特徵：

①眉毛成八字形，不管濃眉或淡眉都是浪費金錢的類型。

②眼與眼的間隔很寬，這種人的度量大，用錢沒有困難，也很大方，有浪費的傾向。

③下眼瞼（淚堂）下垂，表示自我抑制力很弱，缺乏計畫性。

④鼻翼不大但鼻孔很大，這種人喜歡花錢，也是有虛榮心的類型。

⑤嘴大又不緊閉，這種人做事經常虎頭蛇尾，不能實現自己所訂的計畫。

第五章 臉型與職業

面相與適應性

人類的個性和能力大不相同，就像十個人有十張不同的臉一樣。每個人都應有固定的職業，靠某項特殊才能來謀生，最好人盡其才。

比方說，對學問及藝術沒興趣的人，可選擇做軍人；不喜歡從事勞動性工作的人，如果天生很會計算，或是喜歡和人應對，可選擇從商。

最近企業及學校，爲瞭解一個人的智力、心理、體格、運動神經……及其他的能力，使用「性向測驗」來評判，以便更有效率的使用人力。但在科學不發達的古代，欲了解一個人的能力、性格……等，則利用看相術來判斷。

當然，中國的看相術和西歐的心理測驗相比，自是較缺乏科學上的根據，但是仍具有某種程度的可信度。

領導者的面相

一般而言，人的面相可分爲三種：

Ⓐ將軍型——立於衆人之上命令人，指使別人的類型。

Ⓑ參謀型——雖然不適合當主管，但對理論有很獨到的見解，能夠成爲主管的參謀。

Ⓒ兵士型——能夠忠實完成別人交付的任務，却無法做個領導者。

最適合成爲頂尖領導者的是將軍型的人。棟樑型的人雖然具有領導的資質，但是必須具備以下的特性。

◎對人生或工作經常有向上心，具有積極性。

◎頭腦靈活富有決斷力。無論做什麼事都慢呑呑優柔寡斷的人，不適合做領導者。

◎富有計畫性或預測能力。無計畫的人只想到眼前的利益，眼光短淺者，不適合擔任領導者。

◎擁有整體的力量。有領袖氣質的比利己、不關心他人，以及做人圓滑型的人要好得多。

◎有個性，只要是自己所相信的，不論處在何地都敢講的人，比溫順經常擔心別人看法的人，或所想的事不敢說出的人，更具有領導者的風範。

以上就是要成爲一個好領導者所不可缺的資質。至於以下的要件，如能全部具備最好，雖然，實際上是不可能有這樣的人，但相反的，如果這些要素全然沒有，就不適合成爲領導者。

①　臉的筋骨粗大，有肉的更好；貧相的人，肉軟而不結實。筋骨粗大的人，大半具有魄力、積極性、責任感。

②　又高又厚又大的鼻子，表示此人富於生命力、實行力，運勢很強。

③　目光炯炯，不管大或小的眼，眼尾長的最好，這種人做事沈著冷靜，不會

㉛

能成為領導者的面相

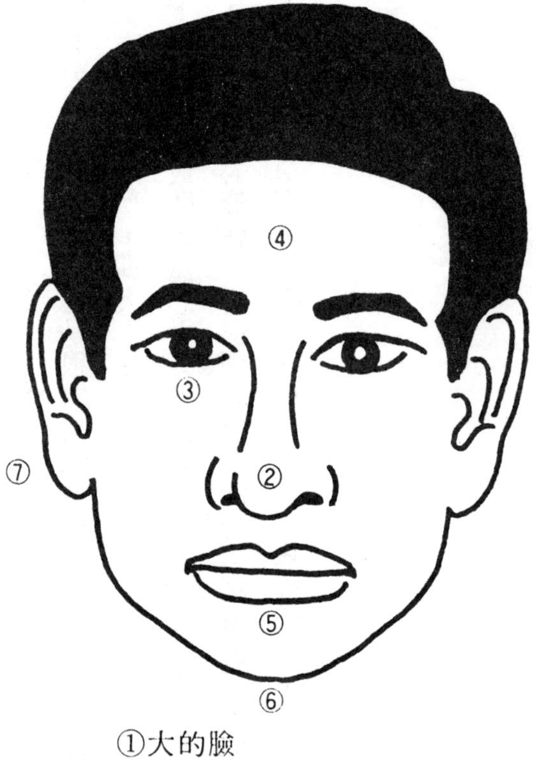

①大的臉
②鼻子又高又大
③目光炯炯，眼尾長
④額頭寬
⑤嘴大又緊閉
⑥下顎突出
⑦耳朵大的福相

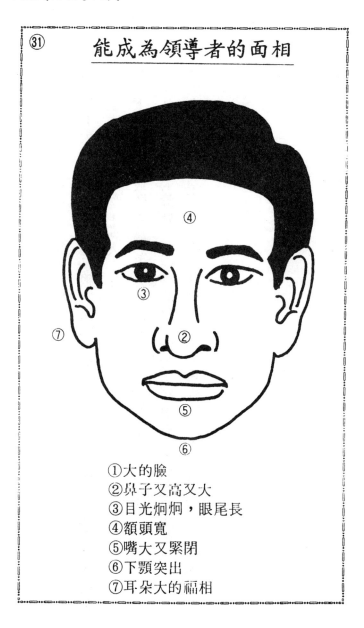

衝動。

④額頭寬，顯示此人有知性和尊嚴。

⑤擁有大又緊閉的嘴，這是很有男性氣概的，也意味著能把工作做好，屬很會照顧晚輩、部下的類型，嘴大尤佳。

⑥下顎突出者最好，意志力強，是成為領導者最適合的人選。

⑦耳大又有肉的最好，有情報收集的能力，很有容納不同意見的雅量。

歷史上的人物如項羽、曹操、孫權、關羽、唐太宗……等都屬這類型的面相。

參謀者的面相

軍隊的參謀不像司令官那麼獨裁，他只是分析情報、思考謀略，訂立作戰計畫交給上司，所以他的職權不包括下命令等。一般來說，成功的參謀應具有下列的資質。

◎必須要有知識。愚鈍、缺乏分析能力的人不適合成爲參謀。

◎富有計畫性，能爲自己的想法下定義，陳述時條條有理。如果沒有計畫性，卽使有再好的想法也無用。

◎有冷靜、愼重的個性。戰爭不是勝就是敗，無論如何必須具有冷靜、縝密與耐性的個性。

◎軍中的參謀一向是無名英雄，總是退居幕後，太過於醒目、執著於地位、權力的人是不合適的。喜歡自我宣傳、誇大、虛榮，對參謀的角色有害無益。

◎自我意識太強的人不適合擔任參謀。只要把事實和客觀的理由提出卽可，不要加進自己的想法，把最後的決定權留給領導人去判斷，最適合個性謙虛不自我的人。

適合成爲參謀的面相，必須具有以下要件一個以上的特點，如能全部符合就可稱得上天才參謀。

①　臉的形狀以逆三角形爲佳。這種臉型的人從事知識性的職業較多，因爲他們知覺神經發達，感受性也強，對客觀的情勢有很迅速的反應能力及決斷力，愚鈍類型的人是不適合做參謀的。

②　額頭縱與橫皆寬的最好，這種人特別有冷靜的判斷力和靈感；額頭狹小的人是不適合成爲參謀。

③　目光有一種冷冷的感覺，眼尾必須很細長；大而多情的眼具有藝術感，但不適合成爲必須冷靜的參謀。

④　鼻子高的較好，但不必像司令官型的大鼻子。鼻翼和鼻孔適中，這是需要

㉜

適合成為參謀的臉

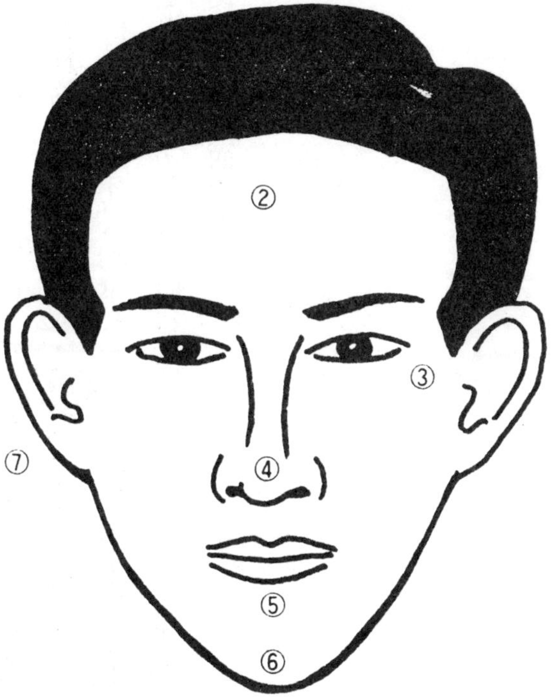

①逆三角形的臉
②額頭的橫、縱皆寬，尤其是上部、
中部發達的
③眼光冷冷的又很小，但眼尾必須長
④鼻子高而不大
⑤嘴小唇薄
⑥下顎很長但是不突出
⑦耳非狼形且較小

細心勝於大膽的類型。

⑤嘴小爲佳，大又厚的嘴表示征服慾強，參謀是要保守、謙虛的。

⑥下顎最好不要太突出，特別是腮骨突出的「唯我獨尊」型的人，常在緊要關頭時，大膽的背叛上司或恩人，或經常顯示自己的才能，不適合成爲參謀。

⑦狼形耳表示此人鬪爭心過強，常常會令上司不安，所以不宜作參謀。

歷史上的人物，如三國時代的諸葛孔明、周瑜、漢的張良、清的曾國藩……等，均比較接近這種面相。

傑出經營者的面相

經營者是企業的領導人物，因爲要統御部下，必須發揮領導能力。經營者所需的個性，例如必須具有財務管理的能力。

在看相術上，經營者必須有，領導者沒有也沒關係的面相如下：

① 鼻翼發達的人財運很好，即使遇到財政危機也能克服。金錢和物質生活都沒有困難，這是經營者重要的資質之一。相反的，如果缺乏財運，就算有再好的領導能力，也無法將事業經營得飛黃騰達。

② 法令寬，好像要把嘴整個包圍住一樣；這種面相的人很有事業運，被同業稱爲「社交家」，對部下也很好，屬事業有成的類型。

㉝

傑出經營者

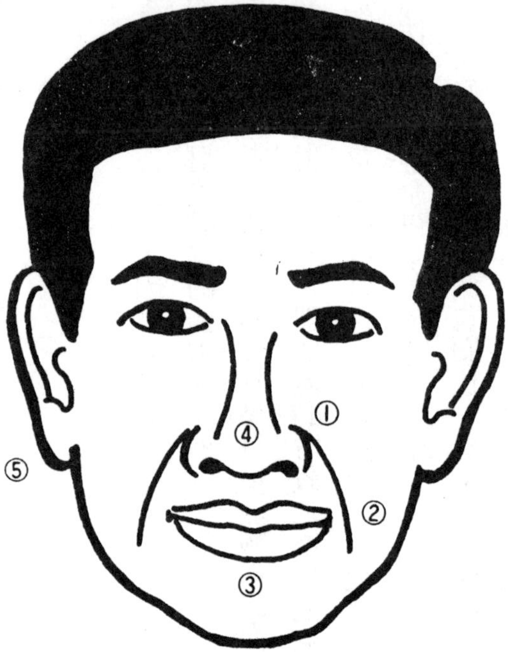

①鼻翼很發達
②八字形末端寬的法令
③大而緊閉的嘴
④大的鼻子
⑤大耳朵

能夠出人頭地的面相

人活在世界上必須要有夢想，更有必要去瞭解自己的現在、過去及未來。

通過困難的入學考試，進入一流的公司，或是當官的人，也許他們是在貧窮的家庭中長大。由於民主平等思想普及，每個人機會均等，所以大家可以公平的分享社會進步的果實，當然也可實現自己多年的夢想。

庶民出身的人都擁有「升官發財」的夢，而那些能夠出人頭地的人皆具有以下的條件，這些都是非常重要的。

◎自己本身的健康狀況極佳又充滿生命力，有能力又富於行動力。

◎運勢很強，獲得上司及長輩的提拔，所以可成大事。

◎名聲、地位及權力都很好。

㉞

能夠出人頭地的面相

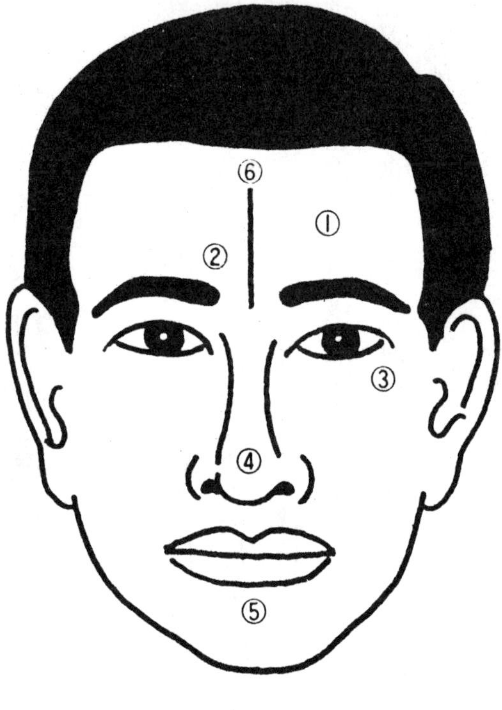

①飽滿又寬的額頭
②整齊又長的眉毛
③龍眼
④又高又好的鼻子
⑤大而緊閉的口
⑥立身紋(從額頭的上部到鼻根部位的縱紋)
⑦整個臉左右對稱而平衡

接著介紹這些人的面相特徵。

①飽滿又很寬的額頭，顯示這個人擁有知識及判斷力，運勢也相當地強。

②又長又整齊的眉毛，這種人很聰明，意味著能獲得長輩及上司的提拔。

③眼睛細細的，眼尾也細長的「龍眼」型尤佳。圓又大的眼具有熱情的藝術氣質，但是情緒不安定，所以與出人頭地無緣。

④又高又大的鼻子是屬主動的積極型，表示其事業容易成功。

⑤嘴緊閉又很大。

⑥從額頭的上部一直到鼻子的根部，有一條直的紋路，稱爲「立身紋」，這是一定能出人頭地的相。此線以外的縱紋都不吉。

⑦整個臉左右對稱而平衡，表示富有協調性及知識，可獲長輩的喜愛及部屬的尊敬。

不適合成為薪水階級的面相

薪水階級以前述的將軍、參謀及兵，可大略分類爲：

兵─→參謀

兵─→參謀─→將軍

兵─→將軍

先累積士兵的經驗，再漸進到別的類型。一開始就成爲經營者的例子很少，大部分的企業家都是由薪水階級開始幹起，然後累積經驗和資金才成爲經營者。

除脾氣彆扭的人不適合薪水階級外，以下幾種人也不適合。

◎天生反抗心強，不管做什麼事情，都討厭别人命令他。

◎缺乏協調性，對别人所做的事看不慣，喜歡挑毛病。

◎太自滿自大。
◎沒有責任心，對上司的交代往往敷衍了事。
◎鬪爭心很強，容易與人起糾紛。
具有以上這些性格的人都不適合成爲薪水階級，但是他們大多具有獨特的能力，不妨辭掉工作，專心從事自己所喜歡的事物。例如工匠、藝術家、作家、自由業、特殊技能者、演藝人員……等。
就看相術而言，以下的要素是不適合成爲薪水階級的面相。
①額頭狹窄，有傷或有斑點，這一型的人很難獲得上司的喜愛，相當任性。
②髮際不均衡的人富有反抗心，有強烈的自我意識，不會乖順的聽從命令。例如髮際或M字型的人，只適合作藝術家及文學家。
③眉毛粗，眉毛像掃帚一般，表示頑固又缺乏協調性、融和性，只能從事獨立性的工作。
④口極端大且唇厚之人，征服欲強；雖然工作能力強，但是很難指使，不適合做別人的手下。

㉟ 不適合成為薪水階級的相面

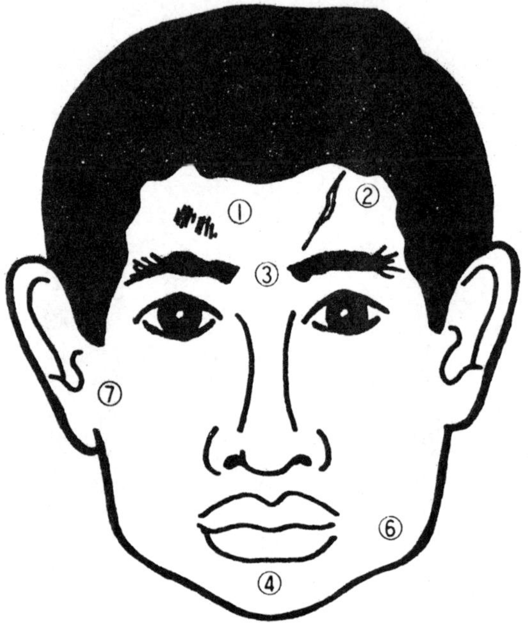

①狹小的額頭，有傷或有斑點
②髮際很不均衡
③眉毛粗，眉尾像掃帚一般
④口大唇又厚
⑤眼睛和口突出
⑥腮骨突出
⑦狼耳

⑤眼睛和嘴突出，表示喜歡和人鬪爭，且容易與人起紛爭。

⑥腮骨極端突出者反抗心強，容易出賣別人，也不適合屈居人下。

⑦狼耳形的耳，鬪爭心強，缺乏協調性。

政治家的面相

參與政治成爲雄霸天下的人和宗教家及哲學家不同，因爲他不一定要講道德，不必具備藝術家或作家對藝術那種敏銳的感覺，或像一般的薪水階級，只要認眞的完成任務卽可。政治家必須要有一種獨特的個性，以下就來談一談。

◎推開別人，想爬到別人的頭上。

◎冷酷無情，再殘忍的行爲也做得出，卽使是出賣自己的恩人。

◎對地位、權力有異常的執著性。

◎有雄辯的才華，喜歡虛張聲勢，煽動別人。木訥得連自己所想的事，都無法明確地讓對方明白的人，不可能成爲政治家。

◎擅長記數目，擁有情報收集及資料處理的才能。有巧妙的記數能力比什麼都重要，對政治家而言，權謀術數，很明顯地是需要技術的。

◎有大的度量，解決政治上的問題，到最後難免「妥協」，所以政治家必須要有清濁合吞的寬大心懷。

這些政治家的必要素質，隱藏於下列的面相中。

① 筋肉型又多肉的臉較適合成爲政治家，這種人決定做的事就一定做，不會在乎別人想法，一直朝自己的計畫邁進。逆三角型、細長、及小的臉都不適合成爲政治家。

② 寬的額頭，既無傷也沒有斑點，充滿睿智，有正確的判斷力，顯示地位及名聲都很好。

③ 堅實而厚的下顎，是具有領袖氣質及包容力的面相。尖尖的下顎及短小的下顎，很難成爲政治家。

④ 眉毛直又濃，是所謂的男眉。這種人不會沈溺於男女私情，很有男性氣概。

⑤ 眼睛細長，大眼睛比小的要好，眼光又很銳利的人，屬頑固不隨便相信別

㊱

適合作為政治家的相面

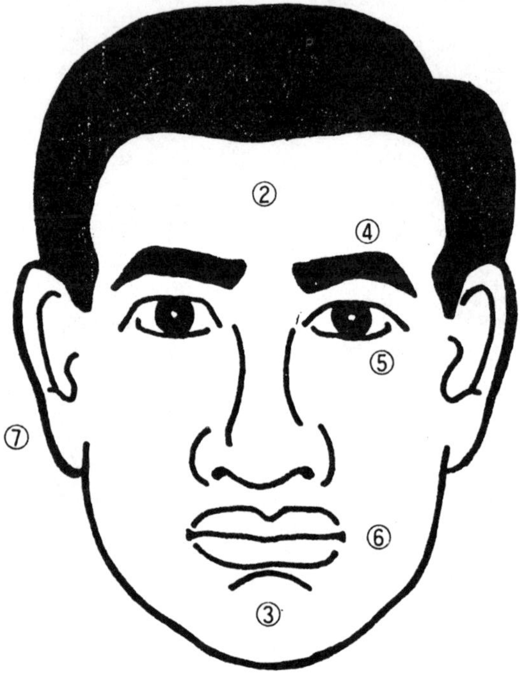

①筋肉型的臉
②寬的額
③厚而多肉的下顎
④濃眉
⑤眼睛大而細長
⑥口大唇又厚，呈四角形
⑦耳大肉又厚

人的個性，是政治家理想的資質。

⑥ 口大唇又厚，表示充滿活力及征服欲，工作能力強的類型。呈四角形的嘴尤佳，這是執著心強又有慾望的象徵。

⑦ 耳大肉又厚的人，具有領袖氣質，及愛護部下的性格，這是身爲一個政治家不可或缺的。大耳表示對情報比較靈通，也意味著有巧妙的計數。

藝術家的面相

畫家、設計家、建築師、攝影師、廣告設計、音樂家、作家、評論家……等藝術家，需要有和政治家及經營者不同的資質。

作爲一個藝術家最重要的是對藝術的感性，及觀察力、想像力等。

在看相術上，藝術家有以下的要素：

① 以臉型而言，呈逆三角形的較好。前面提過臉型大致分爲逆三角形、圓形及四角形，通常一個人具有兩種或三種的混合型，而藝術家以逆三角形的臉型最好。

② 額頭呈M字形的最好，表示他的直觀力、想像力強。自古以來，天才的藝術家及音樂家多爲這種額頭，如貝多芬、李斯特……等。

㊲ 適合作為藝術家的面相

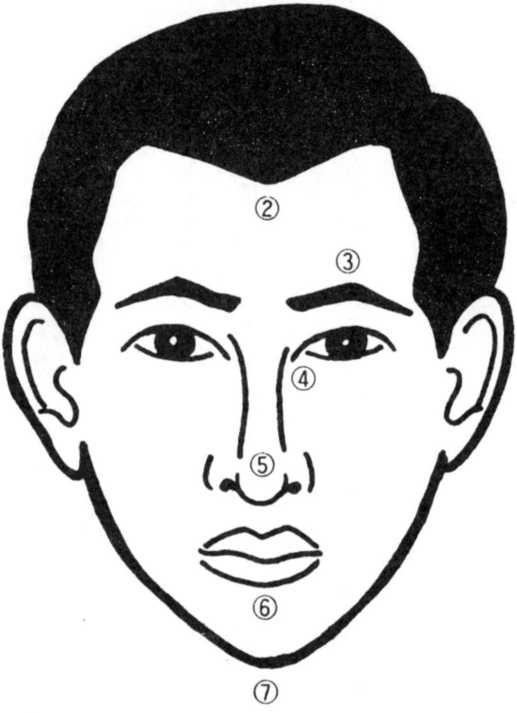

①逆三角形且細的臉
②M字形的額
③山形的眉，眉丘又高
④眼睛凹陷，特別是眼角部份
⑤鼻子高挺，但以肉薄、鼻翼部份不張開最好
⑥唇厚代表熱情
⑦尖的下顎

③山形的眉、眉丘高，具敏銳的觀察力，富有藝術及文學的感性。

④眼睛、眼頭都深深的凹陷，表示有豐富的色彩感。眼光雖然不銳利，但是水汪汪的，表示情感脆弱，容易爲愛情所苦。對藝術家而言，還是有濃厚的情感較好。

⑤鼻子高肉薄，如希臘神話中維納斯漂亮的鼻子，這種人對美有很強的意識。蒜頭鼻和獅子鼻的人，是不適合作藝術家的。

⑥口不太大而且唇又厚，代表熱情。作爲藝術家及文學家，缺乏熱情就難以出人頭地。

⑦下顎尖的人在愛情上相當苦惱，也不擅於待人處世。

不適合成為演藝人員的面相

在電視等傳播事業發達的今天，有很多人嚮往銀色生涯。有的父母親希望自己的兒子成爲職業的棒球選手，女兒成爲明星，他們認爲這樣錢才賺得快，而且還擁有「星媽」「星爸」的頭銜，好不拉風。

在古代中國，這種職業的人最無地位，所以在看相術上較不曾仔細研究，雖然如此，但依然流傳一些判斷的準則。

演員在上舞台、電視及電影之前，都很在意自己是否擁有一張「美麗的臉」。所謂「美麗的臉」所指爲何？是上下左右均衡，眼睛、鼻子、嘴……等的形狀、位置及大小合宜，對於演藝人員來說，這是非常重要的。

其次是臉的氣色、光澤等，不過這些用化妝品都能夠掩飾。但是，有傷、黑痣及皺紋等，就得依位置、形狀來決定。

像具有下面特徵的人，不適合從事演藝工作，如果勉強爲之，也不會有成功的一天。

①臉或鼻子異常大或異常小的人，容易留給觀衆不好的印象。做小丑也許還可能成功，但不適合做小生。

②就整個臉型看，目、鼻、口、耳、顎等均不平衡，當然是離俊男美女很遠。

③臉頰消瘦，特別是法令的兩側補弼之處瘦弱的人，不得人緣、德望，不適合作爲演藝人員。

④臉頰的中心點（從眼珠的外側垂直下來，與鼻下的水平線交叉的部位），自古以來，就被視爲判斷成敗的重點。這個部位貧弱的相有：

- 肉看起來薄薄的。
- 凹陷下去。
- 有傷。

㊳

不適合成為演藝人員的面相

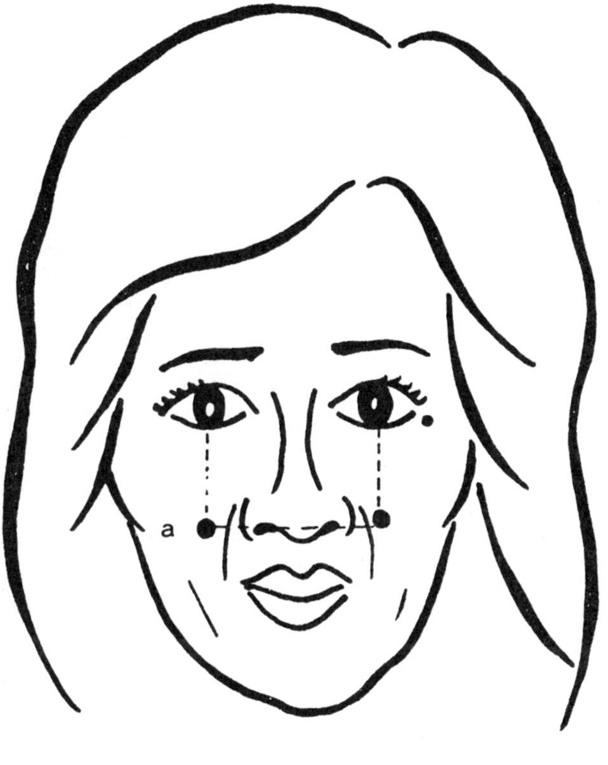

臉、眼睛、鼻子的平衡感很差，a 點（妓堂）上有黑痣或縱紋，臉頰凹陷，法令的兩側（補弼）貧弱，眼尾有黑痣。

●有黑斑及黑痣。

●有縱的條紋。

以上這些都表示不適合成爲演員；在人中兩側或下顎的前端有黑痣的人，表示有人望，是成功運及金錢運很好的面相。

⑤ 眼尾有黑痣的人，意味著會爲異性問題而身敗名裂。平時，就比普通人有「桃花運」，也經常爲愛情問題而苦惱。由於好色、多淫而導致身敗名裂。

成功的職業婦女的面相

中國社會一直處在男尊女卑的陰影之下，女性在家庭中是男性的附屬品，一旦女性有自己的主張，自由地表達愛意，並在職業上與男性競爭，就被認爲是逾矩的表現。所以，在看相術上，一向把對夫順從，對公婆盡孝，這種重家庭的女性視爲理想的女性；個性強又直率地表現愛情，和男性一起工作競爭的女性，則被批評得體無完膚。

以下列舉的是多淫好色，以及剋夫又不貞潔的女人的面相。

Ⓐ眼睛下面的淚堂鼓起。

Ⓑ下眼瞼厚的女人。

Ⓒ下顎圓而飽滿的女性。

㊴

女性的凶相

Ⓐ 淚堂突出

Ⓒ 下顎圓而飽滿

Ⓓ 眼珠大

Ⓔ
Ⓕ 眼尾、眼瞼有黑痣

Ⓖ 唇上有黑痣

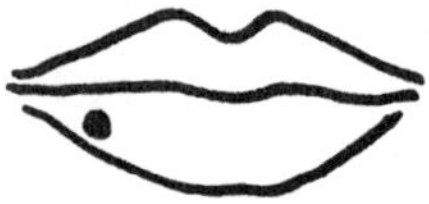

Ⓗ 顴骨突出

Ⓙ 圓的額

Ⓛ 眉毛從鼻翼的末端
垂直向上之處開始長

Ⓓ眼珠大又水汪汪的女性。
Ⓔ眼尾有黑痣或橫紋的女人。
Ⓕ眼瞼有黑痣的女人。
Ⓖ唇上有黑痣。
Ⓗ顴骨突出的。
Ⓘ髮際不整齊。
Ⓙ圓的臉。
Ⓚ鉾頭的女人。
Ⓛ眉毛從鼻翼的末端垂直而上之處開始長的女性。
Ⓜ嘴大的女人。

又大又黑的眼睛是女性最迷人的地方，鉾頭與顴骨突出顯示有強烈的正義感，及自己的主張，適合作爲職業婦女，而不適合作個平凡的家庭主婦。近代的女性比較沒有壓迫感，能自由選擇自己喜歡的生活。

另外，從側面看，人的臉突出的部分不外乎額頭、雙頰、鼻子、下顎等，在相

㊵ 成功的職業婦女面相

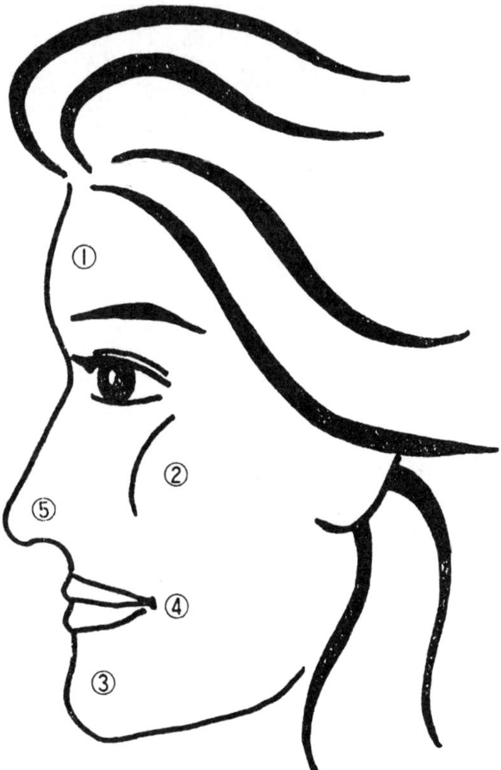

①額頭突出
②兩頰或顴骨突出
③下顎突出
④擁有緊閉的嘴
⑤鼻子高而挺

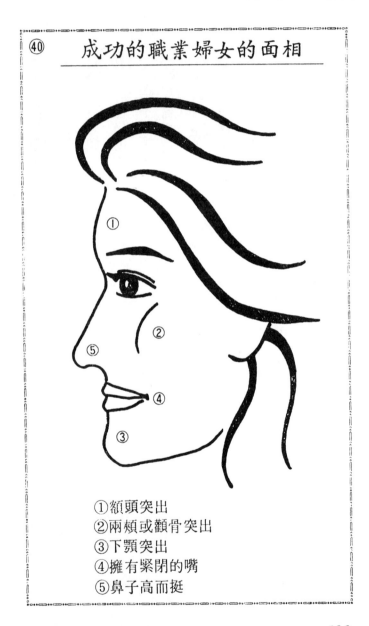

術上稱爲「五岳」。對女性而言，額頭、臉頰及下顎三處有骨頭隆起的人，與其做家庭主婦不如到外面工作較爲合適。

額頭突出，是富有知識的面相；臉頰及顴骨突出，卻是富於權力及主動積極的相，對性問題比較頑固。下顎突出的人，意志、愛情慾均很強，這樣的女性可以靠自己的力量生存。她們把性生活和結婚分得很清楚，不會爲男人犧牲自己的工作。相當適合作職業婦女，也容易有所成就。

工作能勝任愉快的女性，大都有緊閉的嘴（與大小無關），若是暴牙，則屬喜歡議論的女性（4）。

鼻子高，又帶有驕矜的感覺（5）。

適合從商的面相

不論古今中外，商人都有以下的共通性：

◎對人客套、頭稍低；如果一個人生性驕傲，不願向人低頭，就不適合從商。

◎性格圓滿，富於協調性，亦能妥協。

◎有好的金錢運，計數能力很強。金錢運不佳，或金錢觀念過於淡薄的人，從商就只有吃苦的份。

◎表面上要對人客氣，私底下必須要有耐心，感情不露於外，就是有一點困難，也不能屈服。對客人的需求必須相當地瞭解，意志也必須堅強，才能成爲成功的商人。

◎從別人那裏得到好處。從商最重要的不是給人好處，而是希望從別人那兒得

㊶

適合從商的面相

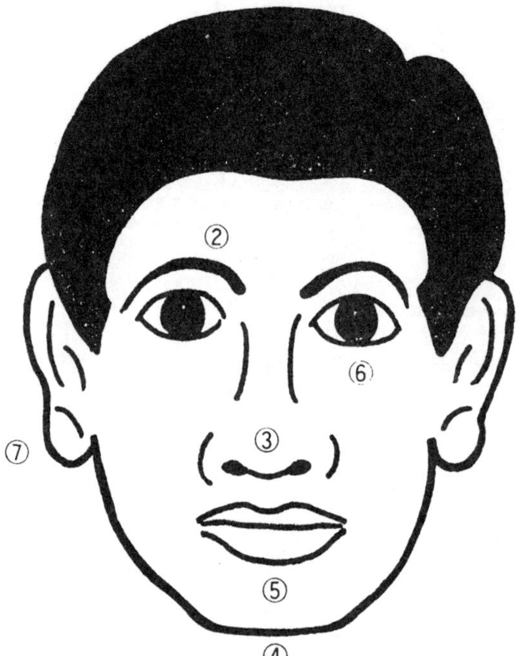

①臉不是逆三角形的，圓形最好
②羅漢眉
③鼻子又大又漂亮，鼻翼發達
④下顎突出
⑤下唇厚
⑥眼睛圓又大
⑦耳朵肉很厚，是福耳

到自己想要的好處。

◎要守信用，一旦跟別人約定好，卽使是吃虧也得遵守諾言。

上述這些須經後天的努力，如果先天就有以下的面相，則更適合從商。

① 臉最好不是逆三角形的，平時不需要思考哲學，也不必要有文學的直觀力和藝術的感性；圓形及角形的臉都很合適，尤其是圓形的臉，象徵圓滿的程度及協調性。

② 眉以羅漢眉爲佳，性格圓滿不和他人爭，是令人喜歡的典型。

③ 掌管實行力、生命力及財運的鼻子，又大又漂亮的較好。高而驕矜的鼻子是不適合從商的；鼻翼發達，鼻尖低的猶太鼻更好，一生金錢都不缺乏，也擅於計數。

④ 下顎突出的人，有很強的意志力。

⑤ 下唇厚，表示可以自他人處得到許多的恩惠及愛情。

⑥ 大眼睛表示有觀察力，工作及買賣都會成功。

⑦ 耳朵不大也無妨，但是肉要厚，表示有好的物質運，心裡也很舒暢。

第六章 現代面相學的意義

……眞無聊，一點用也沒有！……

一定有人會這麼說，筆者不是專門的易者，也不認爲看相術是萬能的。但是，不僅中國，在日本、東南亞、以及歐洲各國，都有這種占卜，他們一點也不認爲這是無知愚昧的迷信邪說，雖然沒有百分之百的科學根據，但也不能全然地忽視它。愈是高科技的時代，這種傳統理論愈有其價值。現在，就來思考有關看相術的意義。

預知未來

以前的中國人，用面相、手相、骨相來判斷未知的性格和適應性，不僅如此，還包括自己想了解的運勢。

古代的中國一直爲天災、地變、戰爭、疾病、以及重歛苛稅等所苦惱著，每天過著擔心害怕的日子。如果能根據某些徵兆或暗示來預知將發生的事，必能轉禍爲福。

……哦！最近好像會發生這種事情。……

所以，中國的易占術最重視預知未來的徵兆，例如：

◎出征前的早上，強風吹斷旗子是凶兆，表示這一次的出征不會成功。

討伐董卓有功的江南孫堅（孫權之父，以武勇著名）以在廢都洛陽宮殿的傳國璽爲前導，欲進入故鄉，在接近江南的荊州附近，領主劉表守著陣地，擋住他的前路。

「劉表?!你這個老糊塗，竟敢阻礙我的去路，看我殺了你。」

豪勇無雙的孫堅站了起來，準備進入敵人的陣地。

但是在早上天還沒亮的時候，突然刮起一陣強風，把陣地的旗竿吹斷，幕僚們的心志爲之動搖，紛紛建議，延緩出征。

「別說廢話了，風吹斷一兩枝旗竿也值得大驚小怪嗎?我孫堅不相信這個邪，進攻。」

孫堅帶頭出發，騎著馬進入敵陣，不料卻遇到伏兵的狙擊，這種從近距離狙擊的行動，使得以勇武著稱的孫堅就這樣戰死沙場。

◎早上要出外工作的時候，突然狗不停地吠叫，鳥也不意地飛走，這是不祥的預兆，表示災禍臨頭。

◎晚上，老鼠們大遷移，這是天災已經接近的預兆。

◎聽到遠處的狗不停吠叫，表示不幸和災難，慢慢地接近。

◎早上起來，庭院一片銀色的大雪，表示有好事要發生。

◎無意識之中眼皮不斷地跳，表示有事卽將發生，一定要注意。如果行動不謹愼，恐會招致災禍。

◎耳朵癢癢的，表示遠方的朋友談及你的事情，也許最近就會遇到你想念的人。

類似以上的說法不勝枚擧，不過在看相術上，卻是以臉上的氣色和光澤來占卜未來，比方說……

◎額頭粗又乾，也沒有光澤的時候，表示願望不能達成，人際關係也不好。

◎早上起來照鏡子的時候，發現額頭的中央（官祿）和眉間（印堂）發黑，這是大凶之兆，當天的行動必須特別謹愼。相反的，不但有光澤，色澤又好看的是代表大吉。

◎鼻頭和鼻翼的部份帶紅色，或有傷的時候，表示有金錢上的損失。

◎眼睛和眉毛之間（田宅），眉間、鼻頭、鼻翼等部分顏色和光澤都很好，表示有金錢運；相反的，看起來晦暗不好看的，金錢運不好。如果這個部位當天的色澤好，表示能得到意外之財。

◎由臉色的好壞判斷健康狀態。一般而言，額、鼻、口、眼的部位有紅斑時，表示身體有恙，必須儘快請醫生檢查。

◎眉間有紅或黑的條紋時，是大難臨頭的徵兆，行動要特別小心。

◎在看相術上，太陽穴的上部代表旅行或遷移，如果色澤好表示沒有災禍，如果發紅發黑，就表示旅行中有災難，最好不要遷移或旅行。

就像這樣，以臉上的色澤或斑點來預知未來，作爲行動上的參考。運用人相學的特徵預知對方的性格，這種預知的規準，雖然不能完全正確，但是以統計學的觀點看來，確有某種程度的準確性。

瞭解順利與否的指標

以棒球選手為例，有的人一年中打了幾十支全壘打，也有人在幾個星期中，一支全壘打的紀錄也沒有。另外，經常擊出安打的人，也有被三振出局的時候。至於投手表現的好壞，那就更明顯了。

這種現象，同樣存在於高爾夫球、網球、足球、排球等運動中，同樣的人做同樣的動作，可是在不同的日子、條件、對手之下，結果就完全不相同。

除了靠運氣的麻將之外，不靠運氣的，例如，研究學問或企業經營者，決定成敗的關鍵不外乎①周詳的準備②正確的理論與不斷的努力……等。

不僅僅是人的肉體、精神情況有好壞，在運勢上也有起伏，這種波動會有週期性，高的時候運氣好，低的時候運氣差。在心理學及最近的生物工學上來看，人類這種週期波動，稱為生理週期現象。

中國的易學或占卜也有類似這種生理週期的想法，「流年法」的占卜，就是把人的一生分爲年、月、日，以時點的運勢來預知未來，這個想法和生理週期所表達的思想相同。

這個想法也適用在看相術上，例如：

◎面相、骨相、手相是會改變的，依此人的年齡、人生經驗、環境等而不斷的變化，縱使非「吳下阿蒙」，但是如果認為某個人將永遠一蹶不振，那無異是太武斷了。

◎臉上的條紋、斑及痣、毛……等等，有時會出現，有時則消失不見，更不可思議的是連黑痣也可能會消失。這是依照時間、地點、情勢而改變運勢的象徵。

◎臉的顏色或光澤，無時無刻不在改變，所以根據色彩、光澤，面相看起來也不一樣。

上述的觀察法是中國看相術的原則，以現代科學而言，也具有實證性。

招財改運的方法

中國的看相術是討論一個人天生的性格、教育、環境、家庭關係、交友、職業、過去的事蹟，以及將來的運勢等。相學家認爲：

「臉是人生的決算書。」

也可以說：

「面相＝人生的損益表。」

損益表有借方和貸方，左右合計的數字一定要一致才行。實際上，借方和貸方的數字並不會一致，一定有黑字或赤字的計算結果。

損益表是表示一家企業的經營內容和業績，所以該企業必須把損益表公布出來。在法律上監事有檢查企業的決算的義務，在決算操作終了時，獲得內部董事的承認，由監事監察。如果確定這個決算的數字無誤，就可以採用；若發現錯誤，就必須改正使其正確。然後才能製作監察報告書。

不過，每件事都有「表」、「裏」之分，決算書有全部正確的，也有不得不修改的。任何的損益表既然都能修正，那麼人生的決算表等於是面相及對策的對應，決不是僵硬的，修正是必然會有的。

前面說過，人的面相或手相是會改變的，因此，對應的方法也不能太過守舊。比方說，有一個人有A型的眼及B型的鼻子，根據看相術，這種擁有A型的眼及B型的鼻，被認爲是罪大惡極的。

……「他啊！壞透了……。」

有這種先入爲主觀念的人才是笨透了，這種人可以用一句話形容，那就是——「讀論語而不知論語」。

在科學進步的現在，對於古老的傳聞或學說，都要以批判性的眼光思索，用硬繃繃的態度來看人，是有害無益的。

溫故知新

古代中國的君王或將軍都曾學習看相術，並認爲那是一種基本的教養，對治世或統軍有助益，看相術可以說是中國人生活的智慧。

「子不語怪、力、亂、神。」（論語述而篇）

孔子對於迷信或鬼神從不提及，但對人類的表情和態度相當的關心。『論語』有句著名的話：

「子曰，巧言令色，鮮矣仁。」

巧言就是花言巧語，令色就是意味著對人態度曲迎奉承討好。孔子所說的「巧言令色」，隱涵對表情、面相的深刻觀察力，特別是「令色」二字，已包括臉及鼻子。

專注道德修養或研究學問的儒者，對於人類的面相或表情也不能不予關心。若是政治家或軍人，則更不能輕忽。

中國傳統的易占學或看相術，並不一定有近代科學的根據，它本身也不能夠作爲有體系的理論。盲目相信有關看相術所指稱的一切，就不是近代人所應該有的行爲了。

最好是以批判性的眼光來吸收其原理或法則，作爲領導人或評斷人的參考，以及自己行爲的指針。不要拘泥於全部，必須以科學的觀點，把值得參考的部分加以吸收。

無論什麼事情，若要追尋過去，就應將其充分的消化吸收，方能對未來或未知的事物思考，及評論它的價值及眞實性，這才是「溫故知新」的意義。

大展出版社有限公司
品冠文化出版社

圖書目錄

地址：台北市北投區(石牌)
致遠一路二段 12 巷 1 號
電話：(02) 28236031
28236033
28233123
郵撥：01669551＜大展＞
19346241＜品冠＞
傳真：(02) 28272069

・少年偵探・品冠編號 66

1.	怪盜二十面相	（精）	江戶川亂步著	特價 189 元
2.	少年偵探團	（精）	江戶川亂步著	特價 189 元
3.	妖怪博士	（精）	江戶川亂步著	特價 189 元
4.	大金塊	（精）	江戶川亂步著	特價 230 元
5.	青銅魔人	（精）	江戶川亂步著	特價 230 元
6.	地底魔術王	（精）	江戶川亂步著	特價 230 元
7.	透明怪人	（精）	江戶川亂步著	特價 230 元
8.	怪人四十面相	（精）	江戶川亂步著	特價 230 元
9.	宇宙怪人	（精）	江戶川亂步著	特價 230 元
10.	恐怖的鐵塔王國	（精）	江戶川亂步著	特價 230 元
11.	灰色巨人	（精）	江戶川亂步著	特價 230 元
12.	海底魔術師	（精）	江戶川亂步著	特價 230 元
13.	黃金豹	（精）	江戶川亂步著	特價 230 元
14.	魔法博士	（精）	江戶川亂步著	特價 230 元
15.	馬戲怪人	（精）	江戶川亂步著	特價 230 元
16.	魔人銅鑼	（精）	江戶川亂步著	特價 230 元
17.	魔法人偶	（精）	江戶川亂步著	特價 230 元
18.	奇面城的秘密	（精）	江戶川亂步著	特價 230 元
19.	夜光人	（精）	江戶川亂步著	特價 230 元
20.	塔上的魔術師	（精）	江戶川亂步著	特價 230 元
21.	鐵人Q	（精）	江戶川亂步著	特價 230 元
22.	假面恐怖王	（精）	江戶川亂步著	特價 230 元
23.	電人M	（精）	江戶川亂步著	特價 230 元
24.	二十面相的詛咒	（精）	江戶川亂步著	特價 230 元
25.	飛天二十面相	（精）	江戶川亂步著	特價 230 元
26.	黃金怪獸	（精）	江戶川亂步著	特價 230 元

・生活廣場・品冠編號 61

1.	366 天誕生星	李芳黛譯	280 元
2.	366 天誕生花與誕生石	李芳黛譯	280 元
3.	科學命相	淺野八郎著	220 元

4.	已知的他界科學	陳蒼杰譯	220 元
5.	開拓未來的他界科學	陳蒼杰譯	220 元
6.	世紀末變態心理犯罪檔案	沈永嘉譯	240 元
7.	366 天開運年鑑	林廷宇編著	230 元
8.	色彩學與你	野村順一著	230 元
9.	科學手相	淺野八郎著	230 元
10.	你也能成為戀愛高手	柯富陽編著	220 元
11.	血型與十二星座	許淑瑛編著	230 元
12.	動物測驗—人性現形	淺野八郎著	200 元
13.	愛情、幸福完全自測	淺野八郎著	200 元
14.	輕鬆攻佔女性	趙奕世編著	230 元
15.	解讀命運密碼	郭宗德著	200 元
16.	由客家了解亞洲	高木桂藏著	220 元

・女醫師系列・品冠編號 62

1.	子宮內膜症	國府田清子著	200 元
2.	子宮肌瘤	黑島淳子著	200 元
3.	上班女性的壓力症候群	池下育子著	200 元
4.	漏尿、尿失禁	中田真木著	200 元
5.	高齡生產	大鷹美子著	200 元
6.	子宮癌	上坊敏子著	200 元
7.	避孕	早乙女智子著	200 元
8.	不孕症	中村春根著	200 元
9.	生理痛與生理不順	堀口雅子著	200 元
10.	更年期	野末悅子著	200 元

・傳統民俗療法・品冠編號 63

1.	神奇刀療法	潘文雄著	200 元
2.	神奇拍打療法	安在峰著	200 元
3.	神奇拔罐療法	安在峰著	200 元
4.	神奇艾灸療法	安在峰著	200 元
5.	神奇貼敷療法	安在峰著	200 元
6.	神奇薰洗療法	安在峰著	200 元
7.	神奇耳穴療法	安在峰著	200 元
8.	神奇指針療法	安在峰著	200 元
9.	神奇藥酒療法	安在峰著	200 元
10.	神奇藥茶療法	安在峰著	200 元
11.	神奇推拿療法	張貴荷著	200 元
12.	神奇止痛療法	漆 浩 著	200 元

・常見病藥膳調養叢書・品冠編號 631

1. 脂肪肝四季飲食 蕭守貴著 200元
2. 高血壓四季飲食 秦玖剛著 200元
3. 慢性腎炎四季飲食 魏從強著 200元
4. 高脂血症四季飲食 薛輝著 200元
5. 慢性胃炎四季飲食 馬秉祥著 200元
6. 糖尿病四季飲食 王耀獻著 200元
7. 癌症四季飲食 李忠著 200元

・彩色圖解保健・品冠編號 64

1. 瘦身 主婦之友社 300元
2. 腰痛 主婦之友社 300元
3. 肩膀痠痛 主婦之友社 300元
4. 腰、膝、腳的疼痛 主婦之友社 300元
5. 壓力、精神疲勞 主婦之友社 300元
6. 眼睛疲勞、視力減退 主婦之友社 300元

・心 想 事 成・品冠編號 65

1. 魔法愛情點心 結城莫拉著 120元
2. 可愛手工飾品 結城莫拉著 120元
3. 可愛打扮 & 髮型 結城莫拉著 120元
4. 撲克牌算命 結城莫拉著 120元

・熱 門 新 知・品冠編號 67

1. 圖解基因與 DNA （精） 中原英臣 主編 230元
2. 圖解人體的神奇 （精） 米山公啟 主編 230元
3. 圖解腦與心的構造 （精） 永田和哉 主編 230元
4. 圖解科學的神奇 （精） 鳥海光弘 主編 230元
5. 圖解數學的神奇 （精） 柳 谷 晃 著 250元
6. 圖解基因操作 （精） 海老原充 主編 230元
7. 圖解後基因組 （精） 才園哲人 著 230元

・法律專欄連載・大展編號 58

台大法學院 法律學系／策劃
法律服務社／編著

1. 別讓您的權利睡著了(1) 200元
2. 別讓您的權利睡著了(2) 200元

・武 術 特 輯・大展編號 10

1. 陳式太極拳入門 馮志強編著 180元

2. 武式太極拳	郝少如編著	200 元
3. 練功十八法入門	蕭京凌編著	120 元
4. 教門長拳	蕭京凌編著	150 元
5. 跆拳道	蕭京凌編譯	180 元
6. 正傳合氣道	程曉鈴譯	200 元
~~7. 圖解雙節棍~~	~~陳銘遠著~~	~~150 元~~
8. 格鬥空手道	鄭旭旭編著	200 元
9. 實用跆拳道	陳國榮編著	200 元
10. 武術初學指南	李文英、解守德編著	250 元
11. 泰國拳	陳國榮著	180 元
12. 中國式摔跤	黃　斌編著	180 元
13. 太極劍入門	李德印編著	180 元
14. 太極拳運動	運動司編	250 元
15. 太極拳譜	清・王宗岳等著	280 元
16. 散手初學	冷　峰編著	200 元
17. 南拳	朱瑞琪編著	180 元
18. 吳式太極劍	王培生著	200 元
19. 太極拳健身與技擊	王培生著	250 元
20. 秘傳武當八卦掌	狄兆龍著	250 元
21. 太極拳論譚	沈　壽著	250 元
22. 陳式太極拳技擊法	馬　虹著	250 元
23. 二十四式太極拳、三十二式太極劍	闞桂香著	180 元
24. 楊式秘傳 129 式太極長拳	張楚全著	280 元
25. 楊式太極拳架詳解	林炳堯著	280 元
26. 華佗五禽劍	劉時榮著	180 元
27. 太極拳基礎講座：基本功與簡化 24 式	李德印著	250 元
28. 武式太極拳精華	薛乃印著	200 元
29. 陳式太極拳拳理闡微	馬　虹著	350 元
30. 陳式太極拳體用全書	馬　虹著	400 元
31. 張三豐太極拳	陳占奎著	200 元
32. 中國太極推手	張　山主編	300 元
33. 48 式太極拳入門	門惠豐編著	220 元
34. 太極拳奇人奇功	嚴翰秀編著	250 元
35. 心意門秘籍	李新民編著	220 元
36. 三才門乾坤戊己功	王培生編著	220 元
37. 武式太極劍精華 +VCD	薛乃印編著	350 元
38. 楊式太極拳	傅鐘文演述	200 元
39. 陳式太極拳、劍 36 式	闞桂香編著	250 元
40. 正宗武式太極拳	薛乃印著	220 元
41. 杜元化＜太極拳正宗＞考析	王海洲等著	300 元
42. ＜珍貴版＞陳式太極拳	沈家楨著	280 元
43. 24 式太極拳＋VCD	中國國家體育總局著	350 元
44. 太極推手絕技	安在峰編著	250 元
45. 孫祿堂武學錄	孫祿堂著	300 元

46. <珍貴本>陳式太極拳精選	馮志強著	280 元
47. 武當趙保太極拳小架	鄭悟清傳授	250 元
48. 太極拳習練知識問答	邱丕相主編	220 元
49. 八法拳 八法槍	武世俊著	220 元
50. 地趟拳＋VCD	張憲政著	350 元
51. 四十八式太極拳＋VCD	楊 靜演示	400 元
52. 三十二式太極劍＋VCD	楊 靜演示	350 元
53. 隨曲就伸 中國太極拳名家對話錄	余功保著	300 元
54. 陳式太極拳五動八法十三勢	闞桂香著	200 元

・彩色圖解太極武術・大展編號 102

1. 太極功夫扇	李德印編著	220 元
2. 武當太極劍	李德印編著	220 元
3. 楊式太極劍	李德印編著	220 元
4. 楊式太極刀	王志遠著	220 元
5. 二十四式太極拳（楊式）＋VCD	李德印編著	350 元
6. 三十二式太極劍（楊式）＋VCD	李德印編著	350 元
7. 四十二式太極劍＋VCD	李德印編著	
8. 四十二式太極拳＋VCD	李德印編著	

・國際武術競賽套路・大展編號 103

1. 長拳	李巧玲執筆	220 元
2. 劍術	程慧琨執筆	220 元
3. 刀術	劉同為執筆	220 元
4. 槍術	張躍寧執筆	220 元
5. 棍術	殷玉柱執筆	220 元

・簡化太極拳・大展編號 104

1. 陳式太極拳十三式	陳正雷編著	200 元
2. 楊式太極拳十三式	楊振鐸編著	200 元
3. 吳式太極拳十三式	李秉慈編著	200 元
4. 武式太極拳十三式	喬松茂編著	200 元
5. 孫式太極拳十三式	孫劍雲編著	200 元
6. 趙堡式太極拳十三式	王海洲編著	200 元

・中國當代太極拳名家名著・大展編號 106

1. 太極拳規範教程	李德印著	550 元
2. 吳式太極拳詮真	王培生著	500 元
3. 武式太極拳詮真	喬松茂著	

・名師出高徒・大展編號 111

1.	武術基本功與基本動作	劉玉萍編著	200 元
2.	長拳入門與精進	吳彬等著	220 元
3.	劍術刀術入門與精進	楊柏龍等著	220 元
4.	棍術、槍術入門與精進	邱丕相編著	220 元
5.	南拳入門與精進	朱瑞琪編著	220 元
6.	散手入門與精進	張山等著	220 元
7.	太極拳入門與精進	李德印編著	280 元
8.	太極推手入門與精進	田金龍編著	220 元

・實用武術技擊・大展編號 112

1.	實用自衛拳法	溫佐惠著	250 元
2.	搏擊術精選	陳清山等著	220 元
3.	秘傳防身絕技	程崑彬著	230 元
4.	振藩截拳道入門	陳琦平著	220 元
5.	實用擒拿法	韓建中著	220 元
6.	擒拿反擒拿 88 法	韓建中著	250 元
7.	武當秘門技擊術入門篇	高翔著	250 元
8.	武當秘門技擊術絕技篇	高翔著	250 元

・中國武術規定套路・大展編號 113

1.	螳螂拳	中國武術系列	300 元
2.	劈掛拳	規定套路編寫組	300 元
3.	八極拳	國家體育總局	250 元

・中華傳統武術・大展編號 114

1.	中華古今兵械圖考	裴錫榮主編	280 元
2.	武當劍	陳湘陵編著	200 元
3.	梁派八卦掌（老八掌）	李子鳴遺著	220 元
4.	少林 72 藝與武當 36 功	裴錫榮主編	230 元
5.	三十六把擒拿	佐藤金兵衛主編	200 元
6.	武當太極拳與盤手 20 法	裴錫榮主編	220 元

・少 林 功 夫・大展編號 115

1.	少林打擂秘訣	德虔、素法編著	300 元
2.	少林三大名拳 炮拳、大洪拳、六合拳	門惠豐等著	200 元
3.	少林三絕 氣功、點穴、擒拿	德虔編著	300 元
4.	少林怪兵器秘傳	素法等著	250 元
5.	少林護身暗器秘傳	素法等著	220 元

6. 少林金剛硬氣功　楊維編著　250 元
7. 少林棍法大全　德虔、素法編著　250 元
8. 少林看家拳　德虔、素法編著　250 元
9. 少林正宗七十二藝　德虔、素法編著　280 元
10. 少林瘋魔棍闡宗　馬德著　250 元

・原地太極拳系列・大展編號 11

1. 原地綜合太極拳 24 式　胡啟賢創編　220 元
2. 原地活步太極拳 42 式　胡啟賢創編　200 元
3. 原地簡化太極拳 24 式　胡啟賢創編　200 元
4. 原地太極拳 12 式　胡啟賢創編　200 元
5. 原地青少年太極拳 22 式　胡啟賢創編　220 元

・道學文化・大展編號 12

1. 道在養生：道教長壽術　郝勤等著　250 元
2. 龍虎丹道：道教內丹術　郝勤著　300 元
3. 天上人間：道教神仙譜系　黃德海著　250 元
4. 步罡踏斗：道教祭禮儀典　張澤洪著　250 元
5. 道醫窺秘：道教醫學康復術　王慶餘等著　250 元
6. 勸善成仙：道教生命倫理　李剛著　250 元
7. 洞天福地：道教宮觀勝境　沙銘壽著　250 元
8. 青詞碧簫：道教文學藝術　楊光文等著　250 元
9. 沈博絕麗：道教格言精粹　朱耕發等著　250 元

・易學智慧・大展編號 122

1. 易學與管理　余敦康主編　250 元
2. 易學與養生　劉長林等著　300 元
3. 易學與美學　劉綱紀等著　300 元
4. 易學與科技　董光壁著　280 元
5. 易學與建築　韓增祿著　280 元
6. 易學源流　鄭萬耕著　280 元
7. 易學的思維　傅雲龍等著　250 元
8. 周易與易圖　李申著　250 元
9. 中國佛教與周易　王仲堯著　350 元
10. 易學與儒學　任俊華著　350 元
11. 易學與道教符號揭秘　詹石窗著　350 元

・神算大師・大展編號 123

1. 劉伯溫神算兵法　應涵編著　280 元
2. 姜太公神算兵法　應涵編著　280 元

3. 鬼谷子神算兵法	應涵編著	280 元
4. 諸葛亮神算兵法	應涵編著	280 元

・秘傳占卜系列・大展編號 14

1. 手相術	淺野八郎著	180 元
2. 人相術	淺野八郎著	180 元
3. 西洋占星術	淺野八郎著	180 元
4. 中國神奇占卜	淺野八郎著	150 元
5. 夢判斷	淺野八郎著	150 元
6. 前世、來世占卜	淺野八郎著	150 元
7. 法國式血型學	淺野八郎著	150 元
8. 靈感、符咒學	淺野八郎著	150 元
9. 紙牌占卜術	淺野八郎著	150 元
10. ESP 超能力占卜	淺野八郎著	150 元
11. 猶太數的秘術	淺野八郎著	150 元
12. 新心理測驗	淺野八郎著	160 元
13. 塔羅牌預言秘法	淺野八郎著	200 元

・趣味心理講座・大展編號 15

1. 性格測驗（1） 探索男與女	淺野八郎著	140 元
2. 性格測驗（2） 透視人心奧秘	淺野八郎著	140 元
3. 性格測驗（3） 發現陌生的自己	淺野八郎著	140 元
4. 性格測驗（4） 發現你的真面目	淺野八郎著	140 元
5. 性格測驗（5） 讓你們吃驚	淺野八郎著	140 元
6. 性格測驗（6） 洞穿心理盲點	淺野八郎著	140 元
7. 性格測驗（7） 探索對方心理	淺野八郎著	140 元
8. 性格測驗（8） 由吃認識自己	淺野八郎著	160 元
9. 性格測驗（9） 戀愛知多少	淺野八郎著	160 元
10. 性格測驗（10）由裝扮瞭解人心	淺野八郎著	160 元
11. 性格測驗（11）敲開內心玄機	淺野八郎著	140 元
12. 性格測驗（12）透視你的未來	淺野八郎著	160 元
13. 血型與你的一生	淺野八郎著	160 元
14. 趣味推理遊戲	淺野八郎著	160 元
15. 行為語言解析	淺野八郎著	160 元

・婦 幼 天 地・大展編號 16

1. 八萬人減肥成果	黃靜香譯	180 元
2. 三分鐘減肥體操	楊鴻儒譯	150 元
3. 窈窕淑女美髮秘訣	柯素娥譯	130 元
4. 使妳更迷人	成 玉譯	130 元
5. 女性的更年期	官舒妍編譯	160 元

6.	胎內育兒法	李玉瓊編譯	150 元
7.	早產兒袋鼠式護理	唐岱蘭譯	200 元
9.	初次育兒 12 個月	婦幼天地編譯組	180 元
10.	斷乳食與幼兒食	婦幼天地編譯組	180 元
11.	培養幼兒能力與性向	婦幼天地編譯組	180 元
12.	培養幼兒創造力的玩具與遊戲	婦幼天地編譯組	180 元
13.	幼兒的症狀與疾病	婦幼天地編譯組	180 元
14.	腿部苗條健美法	婦幼天地編譯組	180 元
15.	女性腰痛別忽視	婦幼天地編譯組	150 元
16.	舒展身心體操術	李玉瓊編譯	130 元
17.	三分鐘臉部體操	趙薇妮著	160 元
18.	生動的笑容表情術	趙薇妮著	160 元
19.	心曠神怡減肥法	川津祐介著	130 元
20.	內衣使妳更美麗	陳玄茹譯	130 元
21.	瑜伽美姿美容	黃靜香編著	180 元
22.	高雅女性裝扮學	陳珮玲譯	180 元
23.	蠶糞肌膚美顏法	梨秀子著	160 元
24.	認識妳的身體	李玉瓊譯	160 元
25.	產後恢復苗條體態	居理安・芙萊喬著	200 元
26.	正確護髮美容法	山崎伊久江著	180 元
27.	安琪拉美姿養生學	安琪拉蘭斯博瑞著	180 元
28.	女體性醫學剖析	增田豐著	220 元
29.	懷孕與生產剖析	岡部綾子著	180 元
30.	斷奶後的健康育兒	東城百合子著	220 元
31.	引出孩子幹勁的責罵藝術	多湖輝著	170 元
32.	培養孩子獨立的藝術	多湖輝著	170 元
33.	子宮肌瘤與卵巢囊腫	陳秀琳編著	180 元
34.	下半身減肥法	納他夏・史達賓著	180 元
35.	女性自然美容法	吳雅菁編著	180 元
36.	再也不發胖	池園悅太郎著	170 元
37.	生男生女控制術	中垣勝裕著	220 元
38.	使妳的肌膚更亮麗	楊　皓編著	170 元
39.	臉部輪廓變美	芝崎義夫著	180 元
40.	斑點、皺紋自己治療	高須克彌著	180 元
41.	面皰自己治療	伊藤雄康著	180 元
42.	隨心所欲瘦身冥想法	原久子著	180 元
43.	胎兒革命	鈴木丈織著	180 元
44.	NS 磁氣平衡法塑造窈窕奇蹟	古屋和江著	180 元
45.	享瘦從腳開始	山田陽子著	180 元
46.	小改變瘦 4 公斤	宮本裕子著	180 元
47.	軟管減肥瘦身	高橋輝男著	180 元
48.	海藻精神秘美容法	劉名揚編著	180 元
49.	肌膚保養與脫毛	鈴木真理著	180 元
50.	10 天減肥 3 公斤	彤雲編輯組	180 元

51.	穿出自己的品味	西村玲子著	280元
52.	小孩髮型設計	李芳黛譯	250元

·青　春　天　地· 大展編號 17

1.	A血型與星座	柯素娥編譯	160元
2.	B血型與星座	柯素娥編譯	160元
3.	0血型與星座	柯素娥編譯	160元
4.	AB血型與星座	柯素娥編譯	120元
5.	青春期性教室	呂貴嵐編譯	130元
9.	小論文寫作秘訣	林顯茂編譯	120元
11.	中學生野外遊戲	熊谷康編著	120元
12.	恐怖極短篇	柯素娥編譯	130元
13.	恐怖夜話	小毛驢編譯	130元
14.	恐怖幽默短篇	小毛驢編譯	120元
15.	黑色幽默短篇	小毛驢編譯	120元
16.	靈異怪談	小毛驢編譯	130元
17.	錯覺遊戲	小毛驢編著	130元
18.	整人遊戲	小毛驢編著	150元
19.	有趣的超常識	柯素娥編譯	130元
20.	哦！原來如此	林慶旺編譯	130元
21.	趣味競賽100種	劉名揚編譯	120元
22.	數學謎題入門	宋釗宜編譯	150元
23.	數學謎題解析	宋釗宜編譯	150元
24.	透視男女心理	林慶旺編譯	120元
25.	少女情懷的自白	李桂蘭編譯	120元
26.	由兄弟姊妹看命運	李玉瓊編譯	130元
27.	趣味的科學魔術	林慶旺編譯	150元
28.	趣味的心理實驗室	李燕玲編譯	150元
29.	愛與性心理測驗	小毛驢編譯	130元
30.	刑案推理解謎	小毛驢編譯	180元
31.	偵探常識推理	小毛驢編譯	180元
32.	偵探常識解謎	小毛驢編譯	130元
33.	偵探推理遊戲	小毛驢編譯	180元
34.	趣味的超魔術	廖玉山編著	150元
35.	趣味的珍奇發明	柯素娥編著	150元
36.	登山用具與技巧	陳瑞菊編著	150元
37.	性的漫談	蘇燕謀編著	180元
38.	無的漫談	蘇燕謀編著	180元
39.	黑色漫談	蘇燕謀編著	180元
40.	白色漫談	蘇燕謀編著	180元

·健　康　天　地· 大展編號 18

國家圖書館出版品預行編目資料

中國式面相學入門 / 蕭京凌 編著
－初版－臺北市，大展，民 85
面 ； 21 公分 －（命理與預言；2）
ISBN 957-557-618-7 （平裝）
1.面相

293.21　　85006328

中國式面相學入門

ISBN 957-557-618-7

編 著 者 / 蕭 京 凌
發 行 人 / 蔡 森 明
出 版 者 / 大展出版社有限公司
社　　址 / 台北市北投區（石牌）致遠一路 2 段 12 巷 1 號
電　　話 / （02）28236031・28236033・28233123
傳　　真 / （02）28272069
郵政劃撥 / 01669551
網　　址 / www.dah-jaan.com.tw
E－mail / dah_jaan@pchome.com.tw
登 記 證 / 局版臺業字第 2171 號
承 印 者 / 高星印刷品行
裝　　訂 / 協億印製廠股份有限公司
排 版 者 / 千兵企業有限公司
初版 1 刷 / 1996 年（民 85 年） 8 月
初版 2 刷 / 2004 年（民 93 年） 4 月　　定價 / 180 元